JN448937

행복 자람 원예교실

유미리 · 이영기 · 손장호 지음

교우미디어

머릿말

아주 어릴 적부터 우리 집에는 식물이 꽤 많이 있었다.

부모님은 비가 오는 날이면 실내에 있던 식물들을 밖으로 옮겨 빗물을 맞게 하였다. 식물들은 얼마 지나지 않아 키가 자라고 꽃도 피워서 우리 가족을 행복하게 만들어 주었다. 겨울이 올 무렵이면 그동안 햇볕이 내리쬐는 마당에 있던 선인장들이 따뜻한 실내로 옮겨졌고, 화단에 남아 있던 식물은 어느새 사라지나 싶더니 봄이 오면 어김없이 새로운 모습으로 우리 가족의 품 안으로 들어왔다. 이처럼 식물과 함께한 어릴적 행복한 기억들이 지금의 나를 만들어 준 것 같다.

나는 지금 식물을 매개로 한 원예활동 통해 사람을 치유할 수 있다는 것에 매력을 느끼고, 원예치료를 시작한지 벌써 19년이 되었다. 2년 전, 초등학교 방과 후 시간을 활용하여 1 대 1 원예수업이 진행되었다. 학습이 다소 부진하고, 자기 표현력이 부족한 소극적인 아이였는데, 원예활동을 통해 생명을 직접 돌보면서 책임감과 자신감이 생기고 배려와 공감을 바탕으로하는 의사소통을 경험하게 하였다. 프로그램이 종료되고 학교측의 제안으로 해당 학생의 반 전체를 대상으로 원예프로그램을 진행하게 되었다. 이미 원예 수업에 대한 경험이 있던 아이는, 주변의 다른 친구에게 조심스럽게 다가가 도와주는 모습 보였고 스스로도 뿌듯해하며 행복해하는 모습이 지금도 기억에 남는다.

사람 중심의 효율성과 실용성을 강조해 온 근대교육에 대한 반성의 목소리가 높아지는 지금! 나는 다시금 식물과 행복했던 나의 어린 시절을 상기하게 된다. 사람과 동·식물 및 자연과의 근원적인 관계에 대한 교육이 필요하다는 생각을 한다. 즉 사람과 동·식물이 함께 어우르면서 자연안에서 생명체끼리의 공존이라는 차원의 인격적인 관계 형성이 필요하다고 생각한다. 원예 활동은 자연안에서 생명체끼리의 교감을 충실하게 하는 교육 방법 중의 하나이다. 그런데 학교 교육현장에서 원예 활동을 하는 것이 간단하지만은 않다. 더욱이 정규 교과 시간에 원예 활동을 포함시켜서 진행한다는 것은 거의 불가능에 가깝다고 할 수 있다. 이유는 교육과정을 포함, 학교의 제반적인 환경과 여건이 원예 활동을 하기에 부족한 것도 있지만, 실제로 교육과정에 원예 활동을 어떤 방법으로 포함시켜서 소화시킬 수 있을지에 대한 구체적인 아이디어가 부족하기 때문이다.

식물과 함께 행복했었던 경험들을 초등학교 교육과정에 녹일 수 있는 구체적인 아이디어를 제시하고 싶었다. 더불어 학교 수업 과정에서 원예 활동을 통해 나눔과 배려가 확산되고 행복이 자라는 교실을 생각하면서 활동 내용들을 만들어보았다. 이 책에서 소개되는 원예 활동들은 식물에 대해서 깊은 지식이 없는 초등학교 선생님들도 학교의 정규교육과정에서 쉽게 소화할 수 있도록 프로그램을 의도화하였다는 특징이 있다.

이 책을 통해 학교생활을 하는 모든 아이들이 지금보다 행복한 경험을 더 많이 하게 되기를 바란다.

2022년 이른 봄날 대구에서

CONTENTS

행복 자람 원예교실

I

도입

I 도입

1. 행복 자람 초등교실

전 세계적으로 도시화의 진행은 빠르게 진행되고 있다. 우리나라도 생활 수준의 향상 및 인구구조의 변화와 더불어 도시화가 가속화되었다. 뿐만 아니라 교육 수준도 증가하면서 일상의 생활에서 다양한 매체를 활용하는 방식이 급격하게 발달하였다. 인터넷의 확장으로 인한 스마트폰 등의 활용 증가가 대표적인 예이다. 스마트폰이 없으면 왠지 불안하고, 손에는 언제나 스마트폰을 함께 가지고 다니는 애착 형성이 어른, 아이 할 것 없이 모두에게 나타나고 있다. 최첨단 기술력으로 빠르게 발전하는 스마트폰과 같은 매체는 우리 사회에 득이 되는 점도 많지만, 아동들의 경우는 상대적으로 일찍 접하는 스마트폰과 같은 매체로 인해 가족과의 관계나 친구와의 관계 형성에 어려움을 호소하는 경우도 증가하고 있다. 뿐만 아니라 스마트폰과 같이 시각적인 부분에 많은 부분을 의존하는 비율이 높아지면 신체 각 기관끼리의 협응력의 감소를 불러올 가능성이 매우 높다고 할 수 있다. 특히 청소년기의 전신(인) 교육을 강조하는 시기에는 이런 부분의 관리가 필요하다고 할 수 있다. 더불어서 이런 환경에 지속적으로 노출되면, 친구와 가족 간의 원활한 소통에도 악영향을 미칠 수 있어서 관계 형성이 어렵게 되며 결국은 사회화 형성에도 심각한 문제를 불러올 수도 있다. 새로운 것을 창의적으로 구성하기 보다는 주어진 패턴 정보를 활용하기 때문에 잠재적 창의성을 길러주기 보다는 단편적인 패턴으로 인해 심리적인 불안 요소도 가중될 수 있을 것이다.

사회 구조와 환경의 빠른 변화로 인해 나타나는 아동들의 다양한 심리적 문제를 해결하기 위해서는 아동기에 감성과 생각의 유연성을 길러주는 교육 프로그램의 개발 및 보급이 필요하다. 아동들이 스스로 자기의 생각을 정리하고 계획적이고 체계적인 활동을 한다는 것은 정신이나 마음에 간직한 심리적 요인을 밖으로 표출할 수 있는 중요한 방법이다. 즉 아동의 잠재된 스트레스가 다양한 활동을 통해서 표출되면 정서적으로 안정에 도움이 될 수 있기 때문이다. 이러한 과정에서 창의성뿐만 아니라 스트레스를 해소할 수 있는 치유(힐링)의 효과도 얻을 수 있다. 교육과정에서 심리적·정신적 문제를 다양한 활동으로 표현할 수 있게하는 교육프로그램은 마음의 문제를 치유하고 정서적으로 안정감을 갖게 하여 행복한 아동을 만드는데 도움을 줄 수 있다.

청소년들은 개인의 성장 과정에서 접촉하는 사람과 주변 환경 등으로부터 영향을 받으면서 성장하게 되며, 사회에 적응하고 어울려 살 수 있는 사회기술(배려와 공감)을 학습한다. 자기중심적 존재에서 점차 타인과의 관계에서 나를 발견하고 상호작용 속에서 타인을 인정하게 되며, 갈등을 경험하면 상호작용 패턴을 알게 된다. 사회성은 천성적으로 타고나는 것이 아니라 배려와 공감을 발달시킬 수 있는 환경 속에서 커질 수 있다. 배려와 공감의 기술은 처해진 환경 속에서 사회적 맥락을 이해하고 다른 사람과 상호 접촉하는 과정에서 자랄 수 있으며 이러한 능력은 개인의 행복과 성공에 중요한 요인이 된다. 학교 교육과정에서 배려와 공감 능력을 향상시켜서 행복한 교실 환경을 만들게 하는 교육 프로그램 중 으뜸은 생명체끼리의 교감교육이라고 할 수 있다. 사람들이 일상의 생활에서 동·식물과 함께하는 생명체끼리의 교감 활동은 개인의 삶에 대한 만족감과 타인에 대한 배려가 동시에 증진될 수 있음을 보고하였다[1]. 또한 이러한 경험은 내적 통제신념, 개인적·사회적 적응력, 자아지각 등을 동시에 증진시켜서 행복한 아이를 만들 수 있다는 것이다. 뿐만 아니라 생명체끼리의 교감은 인지, 정서 및 사회성 증가 외에도 신체의 발달 및 의사 소통 등의 소통기술 발달 측면에서도 매우 가치가 있는 것으로 연구되어지고 있다.

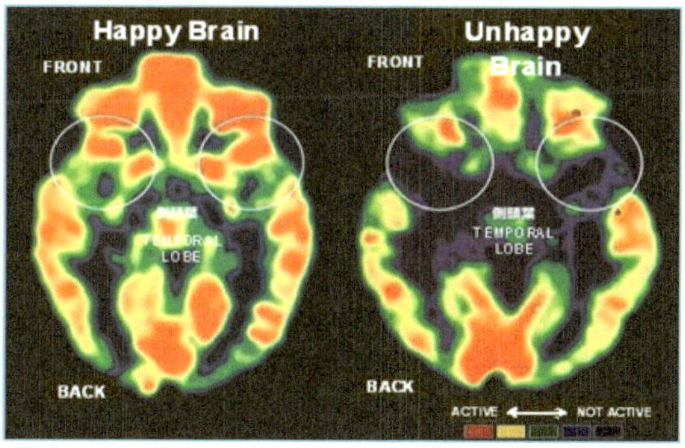

그림 1 행복한 아이와 불행한 이이의 뇌(전두엽) 사진[2]

1) 손장호(2021). HAPNB (사람-동물-식물-자연 연합) 교육의 함의. 행복한부자연구, 10(1), 15-32.

2) PET SCAN Data. Newsweek; 1997.

위 사진은 정상적인 가정에서 많은 생명체들과 교감하면서 행복한 유년 시간을 보낸 아동의 뇌 사진과 고아원에서 어렵게 유년 시절을 보내고 있는 아동의 뇌 사진을 비교한 것이다. 이 사진의 특징은 전두엽의 활성화 여부를 촬영한 것으로 평소에 행복감을 많이 느끼면서 자라는 아동의 경우는 뇌의 전두엽이 매우 활성화되어있다는 사실을 알게 해 준다. 전두엽(붉은색)은 대뇌 앞쪽에 위치하고 있다. 전두엽은 고등 정신 기능 중에서 동기를 유발하여 주의력을 집중하고, 조화롭고 목적 지향적인 사회적 행동을 하게하며 감정적 긴장을 조절하는 기능을 담당하고 있다. 뇌의 전두엽이 일생 중에서 가장 빠르게 발달하는 시기에는 단순 반복적인 지식교육보다는 인간으로 살아가는 데 필수적인 인성교육을 시키는 것이 매우 중요하다고 한다.

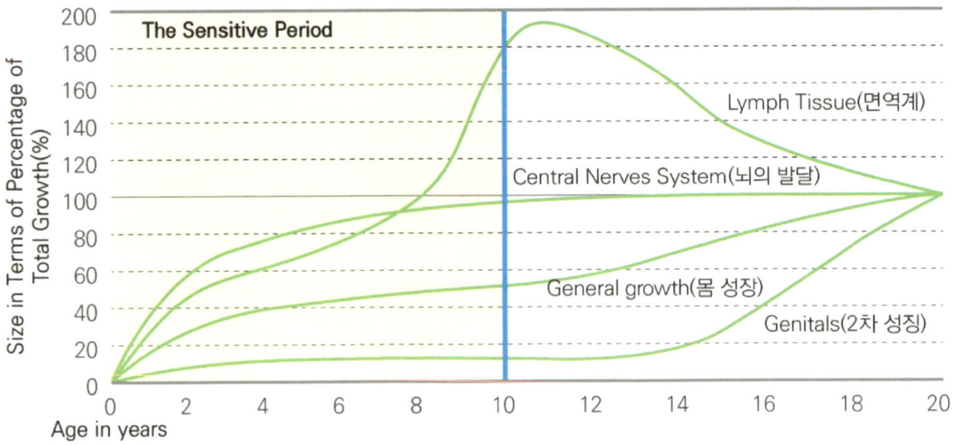

그림 2 어린이의 몸 성장과 뇌발달의 상관관계[3)]

사람을 포함한 동물은 감수성기(The senstive period)에 뇌의 발달은 급격하게 진행되기 때문에 이 시기에 뇌의 발달과 사회화 형성은 밀접한 상관관계가 있다. 사람의 뇌의 활성화가 급속도로 일어나는 시기는 구체적인 조작기인 초등학교 시기라고 하였다[4)]. 즉 이 시기에 건강한 환경 안에서 생명체끼리의 건전한 연합은 자기중심적인

3) Child development 1990.

4) Son (2018). The Introduction of Human-Animal-Nature-Bond Education and its Implications for the

사고에서 벗어나서 사회화 형성에 긍정적으로 영향을 미칠 수 있다고 하였다. 즉 이 시기에 의도화된 프로그램을 통해서 배려와 공감 능력을 증대시켜줄 수 있다면 성인이 되어서도 사람들끼리 긍정적인 관계 형성을 이룰 수 있을 것이다. 이처럼 사회화 발달에 민감한 시기에 자연을 포함하는 생명체끼리의 상호작용이 중요하다는 것을 의미한다고 할 수 있다. 이러한 경험은 공감과 다른 사람을 배려하는 좋은 감각을 만들 수 있을 것으로 기대된다.

표 1 아동들이 생명체끼리의 연합하는 과정에서 획득 가능한 인간발달영역

인간발달영역	내용
신체적 발달	신체에서 일어나는 성장의 변화를 포함한다. - 신장, 체중 등의 외적 변화 - 근육, 뇌, 내분비선 및 감각기관 등의 내적 변화 - 걷기, 달리기, 공받기 등의 신체적 건강상태 및 운동능력
인지적 발달	사고(Thinking)와 문제해결(Problem solving)과 관련되는 정신적 변화과정을 포함한다. - 인식능력 - 기억 및 추론 능력 - 지능, 창의성 및 상상 능력 - 언어발달 능력
심리사회적 발달	성격과 대인관계 능력을 포함한다. - 자아개념 확보 능력 - 정서 및 사회성 발달 능력 - 사회적 행동 능력 - 외상 후 스트레스 회복

Socialization of Children. DEPISA Monograph 5(1), 23-29.

2. 교육을 통한 치유(공감과 배려)

현대사회에서 힐링 또는 치유는 건강한 삶을 영위하기 위한 외적, 내적 회복과 예방의 의미를 포함하고 있다. 인간은 기본적으로 행복을 추구하고 고통을 멀리하고자 하는 존재라고 할 수 있다. 그러나 무한경쟁을 요구하는 오늘의 현대인들은 수많은 정보의 홍수 속에서 자신을 되돌아볼 여유조차 갖지 못하고 살아가다보니 스트레스와 우울증, 공항장애, 정신장애 등과 같은 정신적인 문제들을 안고 살아가는 경우가 많다.

교육현장에서도 이러한 사회적인 상황이 비슷하게 나타나서 청소년들도 어른과 비슷한 어려운 상황에 직면하게 되는 경우가 많다. 입시위주 교육의 경쟁이 심화되는 학교에서는 집단따돌림, 학교폭력, 자살 등의 사회적인 문제점들이 나타나고 있다. 우리나라는 OECD 회원국 중 아동과 청소년의 행복지수가 낮고 자살률은 높은 것으로 조사되었다[5]. 이는 현대를 살아가는 청소년들이 마주하게 될 문제에 대한 내성과 문제 해결을 위한 교육프로그램의 개발이 요구되는 이유이기도 하다. 청소년의 시기에 일어나는 문제점들은 이 때에 일어날 수 있는 자연스러운 현상들이기 때문에 시간이 지나면 자연스럽게 해결 될 것이라고 생각하고 그냥 방치하게 된다면 결국은 청소년 시기의 문제가 성인과 노인까지 지속되는 사회적인 문제가 된다는 것을 알아야 한다. 청소년들은 살아가면서 수많은 문제에 봉착하게 되고 또 스스로 해결해 나간다. 마주하는 문제들을 잘 극복한다면, 이는 다시 올 수 있는 문제를 극복할 수 있는 좋은 동력이 될 것이지만, 문제점들을 극복하지 못하는 경우는 또 다른 문제에 봉착해서 이중적으로 힘들어질 수도 있다. 살아가면서 만나게 되는 수 많은 문제점들을 적절하게 처리하는 태도와 방법에 따라서 누군가는 성장을, 누군가는 삶의 부적응을 경험하게 된다. 이 때문에 학교의 교육과정에서 이를 잘 해결할 수 있는 교육프로그램의 개발과 운영이 중요하다고 할 수 있다. 즉 개개인의 치유와 회복의 능력을 향상 시킬 수 있는 교육 프로그램의 도입이 필요하다고 할 수 있다.

---

5) 조한익(2016) 우리나라 아동들의 행복과 우울 수준. 아동교육학회지 25(1), 277-292.

교육과정에서 치유와 관련되는 프로그램들이 강조되는 이유는 '**발달-교육-예방**'이라는 과정에서 '**예방적인 부분**'에 무게 중심을 두기 때문이다[6]. 즉 부적응의 상태를 적응의 상태로 변화시켜서 스스로 문제를 극복하여 상처를 회복하게 하여 일상의 생활로 복귀를 도와줄 수 있기 때문이다. 이 과정에서 청소년들은 자아를 정립할 수 있고, 나아가서는 인간성 및 사회성의 회복을 통한 개인, 가족, 사회가 당면하는 문제를 함께 극복하고 건강한 성장을 도모하게 될 것이다. 이는 개인적인 차원에서가 아니라 사회적인 차원으로 인식되고 있으며, 교육을 통한 회복(치유)의 힘은 우리가 다음 세대에 물려주어야 할 가장 소중한 유산이자 선물이 될 수 있다. 이처럼 학교 교육에서 치유 또는 예방과 관련되는 교육 프로그램이 필요한 이유는 개인의 바람직한 인성의 함양과 살아가면서 직면하게 될 문제들의 해결을 위한 필요한 지식과 기술을 습득, 그리고 이를 적절하게 활용하는 활동들을 익혀야하기 때문이다. 이 과정에서 발생할 수 있는 여러 상황과 관련된 회복 능력은 매우 중요하다고 할 수 있다.

3. 지금의 시대에 필요한 교육

20세기 이전을 산업혁명 시대로 이야기한다면, 현대사회는 의식기술혁명 시대라고 명명할 수 있을 것이다. 과거의 지식과 기능 습득을 통한 기계와 공장 중심의 사회적 경제적인 부분에 무게 중심을 두었다면, 이제는 인간중심의 의식교육에 많은 관심과 투자가 이루어지고 있다고 할 수 있다. 로봇과 AI 등이 우리 사회의 주가 될 미래사회에 차별화를 강조하는 인간중심의 사회를 어떻게 만들어 가야 하는 것에 많은 고민을 하게 된다. 이러한 맥락에서 생각한다면 전체를 이해하고 통찰력을 향상할 수 있는 교육 프로그램이 요구된다고 할 수 있다. 이처럼 사회의 변화와 함께 학교 교육에서도 학습자에 대한 관점의 변화가 요구된다. 즉 학생 개인의 다양성을 강조하는 개개인의 역량 개발의 차원에서 교육방법을 고민하고 개발할 필요가 있다. 예를 들면 정적인 특성, 행동적 특성 또는 각각 처한 환경적인 특성이 다른 개개인이 모인 집단에서

6) 손장호, 박은규, 백중열, 박창균(2021). 융합치료교육의 이론과 실제. 교육사출판.

다 같이 함께 할 수 있는 교육 프로그램이 필요하다는 것이다. 바로 학습자의 맥락성과 복합성을 수용한다는 차원에서의 교육프로그램 개발이 필요하다고 할 수 있다.

회복을 통한 치유를 목적으로 하는 교육 프로그램은 사람 간 또는 사람과 자연간의 상호작용을 촉진시킬 수 있어야 한다. 그리고 이 과정에서 신체적, 정신적, 사회적 및 심리적으로 어려움을 겪는 사람들에게 부족한 기능을 향상시켜주고 장기적으로는 정상적인 삶에 도움을 주는 것이어야 한다. 2020년부터 코로나바이러스가 창궐하는 시대를 맞이하면서 인간-동물-환경을 하나의 시스템으로 이해하는 원헬스(One Health)에 대한 관심이 높다. 교육에서도 이 부분을 간과할 수는 없다. 원 헬스(One Health)는 사람, 동물, 생태계 사이의 연계를 통하여 모두에게 최적의 건강을 제공하기 위한 다학제적 접근을 의미한다. 생명체끼리의 연합이라는 대명제를 제시하고 교육에서도 사람-동물-환경은 서로 상호작용하는 하나의 공동체로 지혜로운 연합을 위한 교육이 필요하다는 자원에서 HANB교육(Human -Animal-Nature Education)의 중요성과 활용에 대해서 발표하였다. 이는 최근에 관심이 높아지는 원헬스(One Health)의 개념을 포함하는 것으로 생각할 수 있다[7].

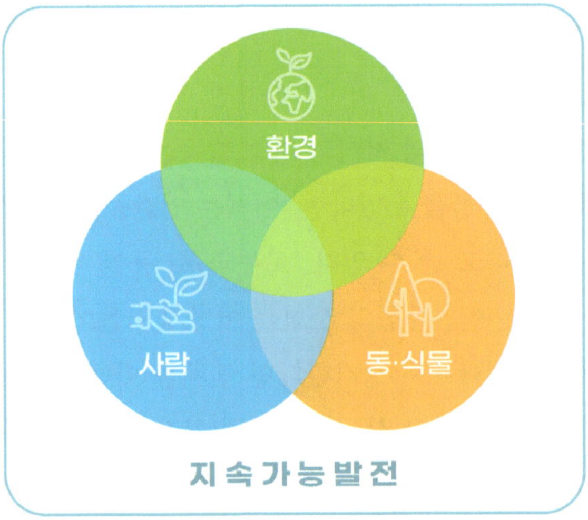

그림 3 원헬스(One Health)의 개념

7) 손장호(2017). HANB(Human-Animal-Nature Bond) 교육에 대한 탐구 및 발전 방향. 한국실과교육학회 30(2) 205-225.

'원 헬스'는 현대사회의 경우는 인구의 증가, 무분별한 환경개발로 인한 환경파괴의 가속화, 식량의 대량생산, 해외여행의 증가 및 야생동물과 사람의 공유지의 확대 등으로 각 질병에 대해 개별적 대응이 무의미하기 때문에 사람, 동·식물, 환경이 서로 건강한 상호작용을 통한 하나의 공동체로 인식하고, 생존을 위협받는 상황 및 이와 유사한 상황의 예방을 위해서도 같이 대응해야 한다는 개념으로 이해할 수 있다. 21세기에 들어서면서 세계보건기구(WHO)와 미국 질병예방통제센터(CDC) 등에 따르면 '원 헬스(One Health)'란 '사람과 동·식물, 환경 등 생태계의 건강이 모두 연계돼 있기 때문에 이들 모두에게 최적의 건강을 제공하기 위한 다차원적 협력 전략'을 의미한다고 할 수 있다. 즉 사람 및 동·식물이라는 생명체는 하나의 생태계 안에서 연합해서 살아가야 하기 때문이다. 작금의 현실을 생각할 때 인간을 포함한 무수한 생명체가 살아가는 지구의 환경에 대한 이해와 이를 지키기 위한 노력은 교육을 통한 지속가능한 과제 중에 최우선이 되어야 한다고 생각하며, 이는 행복한 미래사회를 여는 기본적인 방향이 될 것이다.

4. 초등학교에서의 원예 프로그램

본 교재에서 제시하는 원예활동은 근본적으로 자연을 이해하면서 생명체끼리 보다 행복하게 살 수 있는 지혜를 얻는 방법을 찾기 위한 수단으로 이용된다. 식물들은 다양한 방법으로 또는 복합적인 방법으로 인간의 생활에 영향을 미친다고 할 수 있다. 우리 주변의 식물 환경은 생태적인 관점에서 사람들과 공생적인 의미를 가지고 있다. 따라서 동물과 식물과의 연계는 필수 불가결하다고 할 수 있다. 이는 긍정적이고 낙천적인 의미를 포함하는 인성교육의 소재로도 매우 유용하다고 할 수 있다. 특히 식물과 인간의 상호관계에 있어서 식물이 우리 인간의 쾌적성(amenity)에 미치는 영향을 에드워드 오스본 윌슨 교수의 '생명애(生命愛) 이론'과 연합해서 생각할 수 있을 것이다.

표 2 식물이 인간의 생존성, 생활환경, 그리고 삶의 질에 미치는 영향8)

제1차 효용 (생존)	산소의 공급, 이산화탄소의 흡수, 식량, 건축재료, 연료, 약제, 사료, 비료
제2차 효용 (생활환경)	• 건축적 기능 : 구획 명료화, 차폐, 프라이버시, 경관연출 • 공학적 기능 : 방음, 대기정화, 방화, 침식방지 • 기후조절기능 : 바람조절, 일조조절, 눈조절, 기압조절 • 환경지표기능 : 토양포텐셜지표, 환경악화지표
제3차 효용 (삶의 질)	심미적, 지적, 레크래이션적, 종교적, 감상적, 치료적(정신적, 육체적), 스트레스 해소 효과
실내에서 잘 자랄 수 있는 기능성 식물들*	아레카야자/ 싱고니움/ 스파티필럼/ 스킨답서스/ 인도고무나무/ 드라세나(행운목)/ 드라세나(개운죽)/ 관음죽/ 아이비(헤데라)/ 접란(클로로피텀)/ 파키라/ 호야 등

* 저자들의 경험에서 선택

손장호(2015)는 사람들이 자연을 대하는 소양을 기르고 자연 속에서 함께 살아갈 수 있는 방법을 알게 하는 교육이 시간이 갈수록 중요하다고 강조하였다. 사람이 주위의 산, 강, 바다 등의 자연을 접하게 되면, 자연의 일부로 동화될 수 있고, 이 과정에서 손쉽게 접할 수 있는 동·식물과의 교감은 "생물체끼리"라는 관계 형성을 통한 'Human-Nature Bond(사람과 자연의 유대)'라는 의미를 강조하면서 동·식물은 자연을 향하는 첫 번째 문, 즉 자연을 알기위한 첫 관문이라는 표현을 하였다. 환경교육에 있어서 환경보존의 중요성을 강조할 때, 지구상에서 동물과 식물이 살 수 없는 자연 환경이 되었을 경우, 그 생명체에 의지해서 살아가야하는 우리 인간도 살기가 어려워진다는 평범한 진리를 응용하는 것에서도 생명체끼리의 건전한 관계 형성이 자연스럽게 강조되고 있다고 할 수 있다.

사람들은 동·식물을 돌보고 관리하는 과정에서 자연스럽게 생명에 대한 이해의 폭이 넓어지고 깊어진다. 이들의 성장 과정은 동·식물에 내재된 잠재력을 바탕으로 외부의

8) 손기철, 김수연, 이손선, 송종은(2007). 전문적 원예치료를 위한 평가도구 및 프로그램의 기초. 쿠북

환경과 상호작용을 통해서 생과 사를 거듭하게 된다. 사람도 내재된 잠재력과 생명력을 바탕으로 주변의 환경과 연합하여서 생활한다. 이처럼 동·식물을 돌보고 기르는 과정은 생명의 이해와 더불어서 삶에서 위로와 용기를 얻을 수 있을 것이다.

표 3 식물의 성장과 인간의 성장[9)]

식물(강낭콩)의 성장 요인			인간의 성장 요인		
	성장동력	생장단계	발달단계	잠재력	발달위기
종자 내 저장 양분 이용	수정, 휴면, 수분흡수	씨앗	태아기		
	발아 (온도, 산소)	싹이 튼 씨앗	영아기	희망	신뢰감 Vs. 불신감
	저장양분 이용	떡잎	유아기	의지	자율감 Vs. 수치감/회의감
자가 양분 생성 (영양생장)	광합성 (빛에너지E → 화학에너지)	본잎	아동 초기	목적	주도성 Vs. 죄책감
	영양생장	잎 무성	아동 후기	능력	근면성 Vs. 열등감
	영양생장	잎 무성	청년기	의리/충성	정체감 Vs. 정체감 혼미
번식, 이용 (생식생장)	생식생장	꽃	성년기	애정	친밀감 Vs. 고립감
	번식	꼬투리 (열매)	중년기	보살핌	생산성 Vs. 침체성
	이용	꼬투리 → 씨앗	노년기	지혜	통합감 Vs. 절망감

9) 오태민, 최영애(2011). 자연과의 만남으로 나와 세상을 치유하는 도시농업. 학지사.

식물을 매체로 하는 원예 활동은 심신의 치료와 재활, 녹색의 쾌적성(green amenity) 및 환경회복을 도모하는 종합적인 활동이기 때문에 객관성, 재현성, 논리성에 부합하는 정량화된 표현은 어렵다. 그러나 원예활동을 통해서 얻을 수 있는 잇점들은 1. 생명을 매개로 하는 활동이다. 살아있는 매개체를 이용하는 활동이지만 자연 의지로 움직일 수 있는 동물보다는 다루기가 쉽고, 보다 자연스럽다고 할 수 있다. 뿐만 아니라 활동과정에서 오감을 자극할 수 있는 특징을 가지고 있다. 2. 상호 역동적인 활동이다. 자연 의지로 움직이는 동물에 비해서는 역동성은 낮게 평가되지만, 살아있는 식물과 대상자간의 상호작용이 중요시 되는 활동임에 분명하다. 이는 대상자의 행동과 관심에 따라서 식물 상태가 달라지는 것에서 자부심과 책임감이 강조되기 때문이다. 3. 창조적인 파괴가 가능한 활동이다. 가지치기 등을 통한 식물관리, 수확물을 이용한 활동, 꽃잎과 나뭇잎을 이용하는 활동 자체는 파괴를 예술로 승화하는 작업이라고 할 수 있다. 4. 인간의 본능적 그리움에 근거한 활동이다. 식물이 가지는 색, 즉 녹색은 심리적 안정과 유연성을 주는 것으로 보고되어 회색 콘크리트의 도심에서 주로 생활하는 현대인에게 본능적인 그리움을 해소해주는 역할을 한다. 5. 생명을 직접 접촉하면서 돌보는 과정을 가진다. 역으로 생각하면 사회적 동물인 인간에게 나와의 교감과 나의 돌봄을 간절히 기다리는 생명체에 대한 적극적인 반응으로 승화한다고 볼 수 있다.

학교교육에서 원예프로그램의 적용으로 얻을 수 있는 유익을 영역과 역량으로 구분하면 ① 신체적 영역과 자기관리역량, ② 정서적 영역과 심미적 감성 및 자기관리 역량, ③ 인지적 영역과 지식정보처리 및 창의적 사고 역량, ④ 사회적 역량과 공동체 및 의사소통 역량으로 구성할 수 있다.

표 4 원예활동의 효과에 근거한 관련 역량 및 활동목표(현상)

영역	역량	활동목표(현상)	효과
신체적 영역	자기관리	• 화분에 흙을 담고, 물통에 물을 담아서 작업대로 옮길 수 있고, 배양토가 든 포대도 필요한 곳으로 안전하게 이동 시킬 수 있다. • 제거하고자 하는 가지를 정확하게 자른 후, 필요한 곳에 삽수할 수 있다. • 화분에 흙을 담고, 물통에 물을 흘리지 않고 담아서 관수 할 수 있다. • 양손을 동시에 협력하여 열매를 수확할 수 있다.	• 미세 운동 능력 향상 • 눈·손 등의 신체 협응력 향상 • 지구력 증가 • 기동성 향상 • 체력 향상 • 근력 및 근육 긴장감 향상 (소근육, 대근육) • 균형감 향상 • 민첩성의 증가
정서적 영역	심미적 감성 및 자기관리	• 활동 결과물을 깨끗하게 수확 또는 포장해서 타인에게 선물한다. • 활동 과정에 충실히 임하고, 끝까지 포기하지 않는다. • 스스로 계획 또는 예측해서 활동을 지속할 수 있다. • 친구들과 활동내용들을 비교하면서 의견을 교환한다. • 힘들고 도움이 필요한 것은 서로 이야기할 수 있고 선생님과 눈을 맞추면서 본인의 의사표현을 분명히 할 수 있다.	• 동기부여 • 경의감 증가 • 자존 및 자신감 향상 • 생동 및 희망감 증가 • 불안 및 위축감 감소 • 고독 및 우울감 감소 • 분노 및 공격성 감소 • 두려움 및 초조감 감소 • 실망감 감소
인지적 영역	지식정보 처리 및 창의적 사고	• 활동에서 예측되는 다음 단계를 생각할 수 있고, 이 후에 이루어질 수 있는 활동과정에 대해서 이야기 할 수 있다. • 활동 내용 또는 과정 등을 구분해서 기억할 수 있고, 각각의 과정들에 대해서 설명할 수 있다. • 활동에 필요한 장비 등 준비물에 대해서 스스로 준비할 수 있고, 필요에 따라서는 선생님께 요구할 수 있다. • 선생님의 지시내용을 잘 이해하고 시범을 따라서 활동할 수 있다.	• 기억력 증가 • 주의 집중력 증가 • 문제 해결 능력의 향상 • 이해력 향상 • 판단력 증가 • 의사 결정력 증가 • 논리력 증가 • 계획성 증가

영역	역량	활동목표(현상)	효과
사회적 영역	공동체 및 의사소통	• 친구들의 활동을 도와주면서 공동 작업이 가능하고 선생님 또는 동료들에게 도움을 요청할 수도 있다. • 동료에게 먼저 인사를 건네고 협동 활동에서 자발적 의사표현을 할 수 있다. • 친구들의 활동 결과물을 평가 할 수도 있고 선생님의 질문에 적절하게 대답할 수 있다.	• 대인 관계 능력 향상 • 의사 소통 능력 향상 • 사회 적응 능력 향상 • 자기 통제력 향상 • 교류 기술 증대 • 참여도 및 협동력 증가 • 언어 사용 능력 향상 • 여가 활동 기술 향상 • 직업적 활동 능력 향상

첫째, 신체적 영역과 자기관리 역량 측면에서 살펴보면 기본적인 운동력 향상에 근거한다. 특히 미세한 작업들은 소 근육(손가락, 팔목 등)의 발달로 이어질 수 있고, 손의 움직임과 대뇌의 발달은 매우 연관성이 높으며 집중력을 통한 손과 눈의 공동 작업(Eye-hand coordination) 또한 신경의 발달로 연결될 수 있다. 실외 활동의 경우는 비타민 D의 합성 및 하루 10분 정도 일정하게 정원 가꾸기를 하면 근력(운동량)이 50% 증가 되어서 기초 운동력 증진에 도움이 된다. 뿐만 아니라 채소 가꾸기 등을 통해서 얻어진 결과물을 섭취하는 과정에서 안전한 먹을거리 공급 및 섬유소 공급 등을 통한 보건적인 효과도 기대된다. 그 외에 실내에 식물을 두는 환경을 통한 실내공기 오염물질 제거, 온습도 조절, 유해전자파 차단 등이 기대는 환경적 측면도 생각할 수 있다.

둘째, 정서적 영역과 심미적 감성 및 자기관리 역량 측면에서는 관련 활동을 계획하고 절차에 따라 완성해 가는 과정을 통한 성취감, 자존감 및 자신감을 형성하는 것을 말한다. 원예 활동은 파종, 발아, 이식, 개화, 수확 등의 기다리는 시간과 그동안의 상상력에 근거한 기대감 등은 흥미와 의욕 증가로 이어질 수 있다. 뿐만 아니라 자아를 돌아보는 성찰의 시간을 통한 인성함양의 효과도 있다. 원예활동은 창조적인 활동(가지치기, 꽃꽂이, 모듬심기, 정원구상 등)이 수반되기 때문에 자기 표현력의 증가를 통한 창의력 증진 효과도 기대된다.

셋째, 인지적 영역과 지식정보처리 및 창의적 사고 역량 측면에서는, 식물 가꾸는 기술을 습득 및 전체적인 안목과 계획성 증가, 자연의 변화 등 자연 현상을 소재로 하는 인지능력의 자극 및 지적 관심 증가로 이어진다. 식물관련 활동을 통해서 식물과 인간, 동물 등 다른 생물체와의 관계를 이해할 수 있다. 뿐만 아니라 집중력 및 관찰력 등의 증가, 호기심의 자극 및 오감의 감각기능의 민감성 등 감각기능 증가 등도 기대된다.

넷째, 사회적 영역과 공동체 및 의사소통 역량 측면에서는 식물을 중심으로 하는 자연의 변화 및 관심사의 변화 등에 근거한 의견교환 및 공감대 형성이 대표적이다. 함께 생각하고, 의견을 나누고 서로 돕는 활동 촉진, 공동의 관심사, 공동 작업을 통한 유대감 및 책임감 등의 증가 및 리드십 배양 등에도 효과가 있다. 특히 집단내의 갈등 해소에도 도움이 되며, 재료 구입 활동, 정보 탐색 활동을 통한 공동체내에서의 관계 형성 증대도 의미있는 효과이다. 뿐만아니라 원예활동 중 생긴 부산물과 결과물을 나누고 공유하는 과정에서 대인관계 증진의 효과가 기대된다.

장기적인 원예활동은 치료적인 효과도 매우 높다고 할 수 있다. 원예활동을 통한 치료적인 효과를 높이기 위해서는 피교육자의 상태를 종합적인 차원에서 보다 정확하게 진단하는 사정의 단계가 무엇보다 중요하다. 이는 구체적이고 실현 가능한 목적의 설정을 동반하기 때문이다. 특별히 계획 단계에서는 피교육자의 특성이 충분히 고려된 프로그램이 개발되어야한다. 그리고 실행하고자 하는 프로그램의 단점과 장점이 동시에 고려될 필요가 있다. 뿐만 아니라 원예 프로그램이 실행되는 환경, 즉 장소, 시간 등이 고려되어져야하며, 경제적 여건 등을 고려한 식물의 선택 등도 동시에 고려될 필요가 있다. 〈표 5〉는 원예활동에 있어서 치료적인 효과와 연관된 식물 및 정원 활동에 대한 내용들을 정리한 것이다.

표 5 원예활동의 치료적인 목적과 연관된 식물 및 정원 활동

치료목적	치료목적과 연관된 식물 및 정원활동
생명에 대한 존중	씨뿌리기, 관엽식물 등 물가꾸기, 허브 삽목하기, 텃밭 채소 가꾸기, 화단에 물주기 등
자존감 향상	강낭콩을 기르며 나를 키우기, 허브 삽목하여 꽃피우기
직업 재활	꽃꽂이, 채소재배, 꽃누름(압화) 작품 만들기, 정원 만들기
창조적 만족	꽃꽂이, 화단 가꾸기, 압화 액자 만들기, 전정하기, 테라리움 만들기
사회성 및 대인관계 향상	공동으로 텃밭 가꾸기, 활동 후 이야기 나누기, 활동에서의 역할 분담, 접시정원 만들기, 토피어리 만들기, 꽃누름(압화) 만들기 등
운동효과	토피어리 만들기, 채소밭 가꾸기, 씨뿌리기, 삽목하기를 통한 손감각 익히기, 병원 주변 산책하기, 전정하기
취미 및 여가 시간의 활용	꽃꽂이, 리스 만들기, 꽃누름(압화) 엽서 만들기, 텃밭 채소 가꾸기 등
자존감 향상	강낭콩 기르기, 허브 삽목 번식하기, 관엽식물 물 가꾸기, 꽃씨 뿌리기, 고추 수확하기, 토마토 지주 세우기
감각의 자극	허브리스 만들기, 허브 포프리 만들기, 포도 및 양파 등을 이용한 천염염색하기, 말린 꽃 액자 만들기, 폐품 활용(페트병, 깡통, 유리병) 화분 꾸미기. 아로마테라피, 허브 리스 만들기, 허브 말리기, 씨뿌리기, 식충 식물기르기, 채소밭 가꾸기
환경에 대한 인식	자연물 채집, 자연산책, 저장한 빗물 이용하여 식물 기르기, 썩는 쓰레기와 썩지 않는 쓰레기 구분하여 퇴비에 이용하기, 지렁이 퇴비 만들기, 공기 정화 식물 기르기

Ⅱ

현황 분석

Ⅱ 현황 분석

1. 프로그램 개발 및 적용

본 교재는 원예치료 관련 교육을 위한 수업 목표를 설정하고 개발 모형을 구안하여 초등학교의 교육과정과 매치되는 교육 프로그램을 개발한다. 이를 통해 생명을 소중히 여기고 행복하게 살아가려는 마음가짐을 내면화하고자 한다.

2. 프로그램 개발 시 고려한 사항

첫째, 초등학교의 교육과정에서 원예치료 관련 내용을 직·간접적으로 언급한 교과 및 단원은 매우 제한적이어서 교육 분야에서 원예치료에 대한 내용의 구체적인 언급이 필요하다고 생각하지만, 현실적으로 교육과정 내에 원예치료 내용을 적시하는 것은 많은 한계가 있을 수도 있다고 판단하였다. 그러므로 우선적으로 현행 초등학교 교육과정의 내용을 적시하고, 원예치료 관련 내용을 다룰 수 있는 교과와 단원을 추출, 응용할 수 있는 방안을 간구한다.

둘째, 이 프로그램을 통해 초등학교 교육과정에 제시된 원예치료 관련 내용을 뒷받침하면서 교육과정상에 미비한 부분을 보완한다. 개발된 프로그램이 초등학교 교육현장에서 학생들의 정서함양과 연계하여 접근하기 쉽고, 의미있게 이루어질 수 있도록 프로그램을 제작한다.

셋째, 학생들의 발달 수준과 특성, 교육과정의 내용을 고려하여 학년군별로 적합한 내용과 활동으로 구성하여 교육과정과 연계하여 적용할 수 있도록 한다.

넷째, 초등학교 교육현장에서 다양한 교육과정 운영의 적합성을 높이고, 필요에 따라 재구성이 용이하도록 교과연계형, 교과+창체 통합형, 창의적 체험활동 연계형의 세 가지 형태로 프로그램을 개발한다.

3. 프로그램 개발을 위한 교육과정 분석

본 연구를 위하여 현행 초등학교의 교육과정을 분석하여 원예활동, 원예치료와 관련 있는 성취기준을 추출한다. 이를 통해 초등교육과정에서 원예활동 및 치료 관련 교육이 어느 정도 이루어질 수 있는지 확인하고, 프로그램 개발의 필요성에 대한 근거 자료를 마련한다.

4. 프로그램 구성 원리

학생들의 원예 관련 활동을 통한 정서함양에 대한 인식과 태도를 효과적으로 변화시킬 수 있도록 하기 위해 학생들의 생활에서 직·간접적으로 접할 수 있고, 학생활동 중심을 강조하여 흥미와 몰입도가 높은 교육방법을 구안한다.

첫째, 이 프로그램은 인지적 영역과 정의적 영역을 조화롭게 추구하여 실천의지를 높일 수 있는 방향으로 교육내용을 구성하였다. 일반적으로 교육을 통해서 지식 및 기능 등의 인지적 영역과 감수성 및 태도 등 정의적 영역으로 구분하여서 효과성을 실명할 수 있는데 이를 통합한 것이 실천 영역이라 할 수 있다. 두 가지를 균형 있게 접근하는 것이 전인 교육에 부합하는 것이라 할 수 있다[10].

둘째, 초등학생들의 특성과 초등교육의 지향점을 고려하여 정의적 측면에서 원예치료 교육에 접근하는 방향으로 차시를 구성하였다. 이를 위해 원예치료 교육에 친근하고 긍정적으로 접근할 수 있도록 학년군별로 교육내용을 달리하였고, 영상매체, 역할극, 인터뷰 등의 교수·학습 방법을 활용하였다. 이는 지식 위주의 구성을 탈피하여 다양한 대상물에 감정이입을 함으로써 한 생명체 주위에 존재하는 다른 존재들에 대해 시야를 확장하는 하는 데에 유용하다고 판단된다.

셋째, 학년군별로 원예치료 교육 프로그램 내용 영역은 생명에 대한 존중, 스트레스 해소, 자존감 향상, 집중력 향상, 창조적 만족, 사회성 및 대인관계 향상, 운동효과, 취미 및

10) 교육과학기술부(2008).

여가 시간의 활용, 자존감 향상, 감각의 자극, 환경에 대한 인식 등이 포함되도록 한다. 학년군별로 학생들의 발달 정도와 특성이 다르기 때문에 영역별 수준과 내용, 소재, 학습 방법을 다르게 하였다.

넷째, 학년군별 교육과정 내용을 고려하여 1~2학년군, 3~4학년군, 5~6학년 군으로 구분해서 활동의 내용 및 수준 등 난이도를 조정하여서 주제를 선정하고 각각 4차시로 교육내용을 구성한다.

다섯째, 교과 연계형, 창의적 체험활동 연계형, 교과+창체 통합형 세 가지로 구분하여 개발한다. 이는 학년군별로 교과의 성취기준을 분석하여 교과에서보다 창의적 체험활동으로 구성하여 적용하기에 적합한 1~2학년군은 창의적 체험활동 연계형으로, 교과의 성취기준과 창의적 체험활동의 연계가 적합한 3~4학년군은 교과+창체 통합형, 교과 시간에 적용하기에 적합한 5~6학년군은 교과 연계형으로 구성하였다.

여섯째, 초등학생들이 집이나 학교, 야외활동 중에 직접 접해볼 수 있거나, 영상매체나 책 등을 통해 간접적으로 접해본 적이 있는 친근하고 실제적인 소재를 선정하였다. 식물이라는 소재 자체가 학생들이 높은 흥미를 보이는 소재지만, 더 나아가 식물을 활용하는 방법을 생활 속에서 실천할 수 있는 내용으로 구성하여 배움이 실천으로 자연스럽게 이어지도록 의도하였다.

일곱째, 학급에서 활용하기에 용이하도록 교수·학습 활동을 가능한 자세히 제시하였고, 활동에 필요한 학습자료, 활동지, 참고자료, 동영상 사이트 등을 함께 제시하였다.

Ⅲ

원예치료교육 프로그램 개발 결과

Ⅲ 원예치료교육 프로그램 개발 결과

초등원예치료교육 프로그램의 실제

본 교재에 제시된 내용들은 기본적으로 학생, 교사 및 학부모 누구나 쉽게 이해하고 활용 가능하도록 구성하여 활용의 폭을 최대한 확대하도록 의도화한다. 뿐만 아니라 교육현장에서 직·간접적인 활용도를 높이기 위한 연구자들의 합의와 연구 등을 통해서 내용을 추가 보완한다. 가능하다면 이 연구의 확장으로, 연구과제 수행과 겸해서 평생교육 및 교사들을 위한 특별연수 자료 등으로 활용할 수 있는 방안도 모색하고 실제 특정 집단 대상으로 연수가 이루어질 수 있도록 한다.

학년군별 프로그램 개요

학년군	제목	주제	관련 인성덕목
1~2	① 웃는 내 얼굴	식물로 웃는 내 얼굴 표현하기	자기 존중, 소통
	② 꽃으로 만드는 반려동물	꽃으로 반려동물 만들기	책임, 존중
	③ 뿌리가 보이는 수경재배	수경재배 식물 심기	책임, 존중
	④ 감정표현 다육식물	다육식물 심기	존중, 소통
3~4	⑤ 오감자극 꽃정원	나만의 꽃정원 만들기	자기조절, 책임
	⑥ 걱정 탈출 리스	걱정인형 리스만들기	자기 존중, 소통
	⑦ 깨끗한 공기를 부탁해!	공기정화식물 심기	자기 존중, 책임
	⑧ 투명용기 속 작은 지구	테라리움 만들기	자기조절, 배려
5~6	⑨ 내 친구를 표현한 토피어리	토피어리 만들기	존중, 책임
	⑩ 풍경 콜라주	풍경 콜라주 만들기	자기 존중, 성실
	⑪ 다르지만 괜찮아	서로 다른 식물 친구 심기	존중, 배려
	⑫ 나를 응원하는 모스 희망나무	모스 희망나무 만들기	존중, 소통

원예치료교육 ❶

웃는 내 얼굴

1 교수·학습 활동의 개관

학년(군)	초 1~2학년	주제	식물로 웃는 내 얼굴 만들기
관련 성취기준	바01-02 몸과 마음을 건강하게 유지한다.		
차시 분량	2차시	관련 교과목	통합 봄_알쏭달쏭 나
관련 인성 덕목	자기 존중, 소통	핵심역량	자기관리 역량, 의사소통 역량
학습 목표	활짝 웃는 내 모습을 스칸디아모스와 프리서브드(보존화)로 장식하며 스트레스를 해소하고, 집중력과 표현력을 향상시킬 수 있다.		
준비물	머메이드지, 마끈, 스칸디아모스, 프리저브드(보존화), 목공풀, 색연필, 면봉 등		
지도의 중점 및 유의점	• 행복했던 순간을 친구들과 이야기를 나누며 스트레스를 해소하고 긍정적 정서를 지원해 준다. • 촉감, 시각, 청각 등의 감각을 자극하며 긴장을 완화하고 집중력과 표현력을 향상시킬 수 있도록 지도한다. • 자신의 감정을 표현하고 긍정적 지지를 통해 자존감과 자신감을 높일 수 있도록 지도한다. • 스칸디아모스를 목공풀로 붙일 때 모스 사이로 풀이 스며 나올 수 있으니 주의하고, 목공풀이 충분히 마를 때까지 머메이드지를 움직이지 않는다.		

2 교수·학습 활동

단계	교수·학습 활동 내용
마음 열기	✔ 동기유발 자료 5 학생용 활동 자료 – 최근에 경험했던 행복했던 일들에 대해 생각해 보고, 친구들과 이야기 나누기 – 원예로 할 수 있는 다양한 활동들에 대해 알아보고, 오늘 활동에 사용할 재료 이해하기 ✔ 공부할 문제 안내
마음 가꾸기	✔ 웃는 내 얼굴 만들기 자료 2 개념 학습 자료 1 활동 결과물 예시 자료 3 참고 영상(스칸디아모스 액자만들기) – 스칸디아모스와 프리저브드(보존화)를 직접 만져보고, 탐색하는 동안 재료(모스 : 천연습기 제거, 공기정화 / 프리저브드(보존화) : 생화 본연의 모습으로 변하지 않고 오래 볼 수 있음)에 대해 알아본다. ❶ 색연필로 머메이드지의 얼굴 도안에 행복했던 순간을 떠올리며 그때의 내 모습을 그린다. ❷ 스칸디아모스의 불순물을 제거하고, 손끝으로 조금씩 뜯어서, 목공풀을 이용하여 붙인다. ❸ 프리저브드(보존화)로 장식하며 마무리한다.
마음 나누기	✔ 내 작품 소개하기 – 자신이 언제, 왜 행복했었는지 설명하며 친구들에게 작품 소개하기 – 활동 결과물을 한자리에 모아 서로의 작품을 칭찬하고 격려하기 ✔ 정리하기 – 주변을 정리하고 작품 관리 방법 안내하기
활동의 다양성	☆ 스칸디아모스와 프리저브드(보존화)는 계절에 상관없이 활동이 가능하지만, 봄, 가을은 학교 주변을 산책하며, 자연물(나뭇가지, 나뭇잎, 꽃, 열매)을 직접 채집하여 재료로 활용할 수 있다. ☆ 투명 아크릴판에, 친구의 얼굴을 비추어보고, 자연물로 친구의 모습을 표현할 수 있다.
활동의 확장성	✔ 얼굴 도안에 스칸디아모스, 보존화등을 활용하여 웃는 내 얼굴을 표현한다. ✔ 에바알머슨의 작품을 예시로 누름꽃을 활용하여 표현할 수도 있다.
활동의 난이도	✔ 쉬운 활동 – 재료를 탐색한다. / 행복한 표정을 그림으로 표현한다. ✔ 어려운 활동 – 스칸디아모스의 불순물을 제거하고, 다듬는다. / 목공풀을 이용하여 원하는 곳에 붙인다.
평가내용	✔ 행복했던 순간을 떠올리며 그때 자신의 모습을 스칸디아모스와 프리저브드(보존화)를 활용하여 표현하고, 친구들에게 소개할 수 있다.

3 교수·학습 자료

자료 1 활동 결과물 예시

자료 2 개념 학습

스칸디아모스(scandiamoss)

스칸디아모스 또는 레인디어모스라고 불리는 이 천연이끼는 스웨덴 노르웨이 덴마크 아이슬란드 등 고산지대에서만 소량으로 서식한다. 순록이 유일하게 먹는 먹이라고 해서 한국에서는 순록이끼로 알려져 있다. 최근에는 미세먼지 제거 효과가 뛰어나 공기정화식물로 각광받고 있다.

천연이끼 몸집의 10배에 해당하는 미세먼지와 유해물질을 제거하기 때문이다. 천연이끼는 뿌리 없이 오로지 공기 중 수분과 영양분만을 섭취하면서 성장하기 때문에 따로 관리할 필요가 없다는 것도 장점이다. 오히려 물을 주면 굳어서 변색되거나 빨리 죽을 수 있어 관리를 하지 않는 것이 가장 오래 보존할 수 있는 방법이다. 공기 정화뿐 아니라 천연 가습·제습, 소음 흡수, 탈취 효과도 뛰어나다.

프리저브드 플라워(preserved flower)

생화를 특수 보존 처리 용액으로 가공하여 1~5년간 생기 있는 모습이 유지되는 가공화이다. 여러 종류의 보존 용액을 이용하여 탈수·탈색, 착색·보존, 건조 과정을 거쳐 완성한다. 보존화 또는 천일화라고도 부르는 프리저브드 플라워는 생화의 모습을 길게 즐길 수 있고 촉감이 부드러우며 생화에 알러지가 있는 사람도 이용할 수 있는 것이 장점이다.

적합한 품종의, 싱싱하고 상처가 없는 생화를 사용해야 좋은 결과물을 얻을 수 있으며, 만들어진 프리저브드 플라워는 직사광선과 고온, 습기를 피해야 오래 보관할 수 있다. 또한 착색된 염료가 의류 등에 이염될 수 있으니 유의해야 한다.

출처
매일경제_ https://www.mk.co.kr/news/business/view/2018/11/709974/
한화건설 공식블로그_ http://blog.hwenc.co.kr/335
네이버 지식백과_ https://terms.naver.com/entry.naver?docId=3596388&cid=43667&categoryId=43667

자료 3 참고 영상

프리저브드 플라워

출처 YTN 사이언스_ https://terms.naver.com/entry.naver?docId=5726274&cid=51648&categoryId=63595 [1분25초]

스칸디아모스
액자 만들기

출처 대한사회복지회_ https://www.youtube.com/watch?v=OGnmZPqiP_w [5분6초]

자료 4 참고자료_ 에바알머슨

〈 활짝핀 꽃, 2018 〉

에바 알머슨(Eva Armisen)은 1969년 스페인 사라고사에서 태어났다. 어린 시절부터 그림 그리는 것에 흥미를 느낀 알머슨은 바르셀로나 대학교에서 미술을 전공했다.

알머슨은 일상에서 찾을 수 있는 지극히 평범한 순간들을 포착하여 동화 속 한 장면처럼 그린다. 이를 통해 그녀는 삶의 작고 소박한 순간을 소중히 간직하는 즐거움을 우리에게 상기시키고, 활력 있고 낙천적인 삶을 살 것을 제안한다. 그녀는 둥근 얼굴에 파마머리를 한 여성을 주인공으로 삼아 그녀의 일상, 가족의 모습 등을 그린다. 그녀의 작품 속에 등장하는 인물은 모두 얼굴에 달콤한 미소를 띠고 있고, 화면 전체는 따뜻한 색감으로 이루어져 있다.

알머슨은 복잡한 이야기나 상징적인 도상을 활용하기보다 일상의 모습을 보여줄 수 있는 아주 간단한 도상만을 활용하여 담백한 화면을 구성한다. 이러한 그녀의 작품은 삶의 이야기를 무겁지 않게 전달하여 사랑, 애정, 신뢰, 믿음, 휴식 등 살면서 필요한 태도를 돌아보게 하는 힘을 가지고 있다. 또한 간결한 화면 속에 자신의 일상을 대입해봄으로써 상상의 나래를 펼칠 수 있는 힘을 내포하고 있다. 이러한 그녀의 작품은 남녀노소 나이를 불문하고 많은 이들에게 애호되고 있으며, 삶의 행복과 사랑, 동심을 일깨우는 회화 등의 수식어로 설명되곤 한다.

출처 네이버 지식백과_ https://terms.naver.com/entry.naver?docId=6447308&cid=63854&categoryId=63854
아트인사이드_ https://www.artinsight.co.kr/news/view.php?no=58102

4 학생용 활동 자료

자료 5 웃는 내 얼굴 만들기

웃는 내 얼굴	웃는 내 얼굴 만들기	(　　)학년 (　　)반 (　　)번 이름 (　　　　　　　　)

❤ 최근에 행복했었던 경험이 있나요? 언제, 그리고 왜 행복했었는지 친구들과 이야기를 나누어 봅시다.

언제 행복했었나요?

왜 행복하다고 느꼈나요?

❤ 꽃과 식물을 이용하여 할 수 있는 활동에는 어떤 것들이 있을까요?

❤ 스칸디아모스와 프리저브드(보존화)를 만져보고 느낀 점을 적어봅시다.

스칸디아모스

프리저브드(보존화)

원예치료교육 ❷

꽃으로 만드는 반려동물

1 교수·학습 활동의 개관

학년(군)	초 1~2학년	주제	꽃으로 반려동물 만들기
관련 성취기준	2바08-02 생명을 존중하며 동식물을 보호한다. 2즐08-03 동물 흉내 내기 놀이를 한다.		
차시 분량	2차시	관련 교과목	통합 겨울_겨울 탐정대의 친구 찾기
관련 인성 덕목	책임, 존중	핵심역량	창의적 사고 역량, 공동체 역량
학습 목표	함께 하고 싶은 반려동물을 꽃으로 표현한 꽃바구니를 완성하고, 동물흉내내기 놀이를 할 수 있다.		
준비물	미니바구니, 물대야, 플로랄폼, 생화(카네이션-엘레강스), 편백, 가위, 리본, 눈알 모형, 코 모형 등		
지도의 중점 및 유의점	• 반려동물에 대해 이야기를 나누면서 호기심을 자극하여 활동에 대한 참여 의지를 높인다. • 꽃으로 반려동물을 만드는 활동을 통해 표현력과 창의력을 향상시키고, 만족감과 돌봄에 의한 책임감을 갖게 한다. • 수 개념을 인지하고, 꽃의 크기와 길이에 맞게 가르기, 자르기를 적절히 수행할 수 있게 지도한다. • 가위 사용법을 사전에 지도를 통해 안전하게 사용하도록 안내한다. • 플로랄폼에 구멍이 생기지 않도록 주의한다.		

2 교수·학습 활동

단계	교수·학습 활동 내용
마음 열기	✔ 동기유발 자료 ⑤ 학생용 활동 자료 – 반려동물의 의미와 좋아하는 반려동물의 특징 알기 – 반려동물을 만들 수 있는 꽃에 대해 이야기 나누기 ✔ 공부할 문제 안내
마음 가꾸기	✔ 꽃으로 반려동물 만들기 자료 ② 개념 학습 자료 ① 활동 결과물 예시 자료 ③ 참고 영상(카네이션 미니 꽃바구니 만들기) – 재료의 특징(꽃의 크기, 색깔, 향기, 촉감, 플로랄폼의 무게와 촉감 등)을 살펴보고, 내가 만들 반려동물을 생각하며 꽃으로 반려동물 표현하기 ① 플로랄폼의 무게와 촉감을 느껴보고, 글씨가 위로 향하도록 물대야에 넣고 물이 충분히 흡수될 때까지 기다린다. ② 엘레강스_카네이션을 10송이씩 나눠주고 개수를 확인한다. ③ 얼굴이 큰 꽃 3송이와 봉우리 1개를 골라둔다. ④ 플로랄폼을 대야에서 꺼내 물이 흡수되기 전과의 무게를 비교해보고, 미니바구니에 담는다. ⑤ 남은 꽃들의 길이를 손가락 두 마디 길이만큼 가위로 잘라 플로랄폼에 꽂고 동물의 몸통을 만든다. ⑥ 크기가 큰 3송이를 한 뼘 길이로 잘라, 동물의 머리모양이 되도록 플로랄폼에 꽂고, 봉우리 1개는 꼬리부분에 꽂아준다. ⑦ 편백을 짧게 잘라 플로랄폼이 보이지 않도록 마무리하고, 눈알, 코, 리본등으로 장식하여 완성한다.
마음 나누기	✔ 꽃으로 만든 반려동물 소개하기 – 꽃으로 만든 반려동물에 이름을 지어주고, 친구들에게 소개하기 – 자신이 만든 반려동물 흉내내기 놀이하기 ✔ 정리하기 – 주변을 정리하고 꽃을 오래 볼 수 있는 관리 방법 안내하기 (2일에 한 번 플로랄폼에 물을 부어준다)
활동의 다양성	★ 비누꽃을 이용한 반려동물 꽃바구니도 가능하지만, 생화처럼 꽃의 크기가 다양하지 않음을 고려해야 하며 부재료를 첨가하면 다양한 동물캐릭터 표현이 가능하다.
활동의 난이도	✔ 쉬운 활동 – 꽃의 개수 세기 / 플로랄폼에 꽃 꽂기 ✔ 어려운 활동 – 꽃의 크기 비교하여 가르기 / 제시한 길이에 맞게 꽃줄기 자르기
평가내용	✔ 함께 하고 싶은 반려동물을 꽃을 활용해서 만들어 친구들에게 소개하고, 동물 흉내 내기 놀이에 즐겁게 참여할 수 있다.

3 교수·학습 자료

자료 1 활동 결과물 예시

자료 2 개념 학습

반려동물(Companion Animal, 伴侶動物)

사람과 더불어 사는 동물로, 동물이 인간에게 주는 여러 혜택을 존중하며 사람의 장난감이 아닌 더불어 살아가는 존재로 보는 의미가 담겨있다. 사회가 고도로 발달하면서 물질이 풍요로워지는 반면, 인간은 점차 자기중심적이고, 마음은 고갈되어 간다. 이에 비해 동물의 세계는 항상 천성 그대로이며 순수하다. 사람은 이런 동물과 접함으로써 상실되어가는 인간 본연의 성정(性情)을 되찾으려 한다. 이것이 동물을 반려하는 일이며, 그 대상이 되는 동물을 반려동물이라고 한다. 동물이 인간에게 주는 여러 혜택을 존중하며 동물은 사람의 장난감이 아닌 더불어 살아가는 존재임을 의미한다.

과거에는 '애완동물(愛玩動物)'이라 하였으나, 1983년 10월 27~28일 오스트리아 빈에서 열린 인간과 애완동물의 관계(the human-pet relationship)를 주제로 한 국제 심포지엄에서 동물 행동학자이자 노벨상 수상자인 K.로렌츠의 80세 탄생일을 기념하기 위해 오스트리아 과학아카데미가 주최한 가운데 개·고양이·새 등의 애완동물을 종래의 가치성을 재인식하여 반려동물로 부르자는 제안이 나왔고 승마용 말도 여기에 포함하도록 하였다.

플로랄폼(Floral Foam)

페놀수지(Phenol formaldehyde resin)를 흡수성 및 친수성이 있도록 만든 스펀지 형태의 물건이다. 정식 명칭은 친수성 원예용 발포제(Wet floral foam)지만 상표명인 오아시스로 더 잘 알려져 있다. 물을 스펀지같이 흡수하지만 쉽게 내뱉지 않는다. 손으로 문지르면 부서지고 누르면 움푹 파인다. 물에 적시지 않았다면 부서지면서 가루가 날릴 수 있다. 플로랄 폼보다 큰 그릇에 물을 담고 플로랄 폼을 띄우면 천천히 물이 흡수되는데 이때 손으로 누르거나 위에서 물을 부으면 겉 부분만 코팅이 되어서 플로랄 폼의 속까지 물이 흡수되지 않으므로 꽃을 꽂았을 때 꽃이 물을 먹을 수가 없게 된다.

출처
네이버 지식백과_ https://terms.naver.com/entry.naver?docId=1166006&cid=40942&categoryId=32310
나무위키_ https://namu.wiki/w/%ED%94%8C%EB%A1%9C%EB%9E%84%20%ED%8F%BC

자료 3 참고 영상

플로랄폼 사용법

출처 슬기로운 꽃집생활_ https://www.youtube.com/watch?v=Yq-nTvT6qdU [6분34초]

카네이션
미니 꽃바구니
만들기

출처 송소진의 가끔OO_ https://www.youtube.com/watch?v=RV8mGTy5hZ0 [2분01초]

자료 4 참고자료_ 반려동물 관련 인식조사(2020)

❤ 국민 10명 중 3명은 현재 반려동물 키우는 중, 가장 많이 키우는 건 '강아지'

조사결과 우리 국민의 31.9%가 현재 반려동물을 키우고 있는 것으로 집계됐다. 기르고 있는 반려동물의 종류는 '강아지'(개)가 73.5%로 가장 많았고, 이어 '고양이'(18.4%), '어류(4%), 조류(1.8%) 순이었다. 연령별로는 60대 이상의 반려동물 양육 비율이 37.8%로 모든 연령대 중 가장 높았다. 또, 강아지는 19~29세에서, '고양이'는 30대에서 가장 많이 키우고 있는 것으로 나타났다.

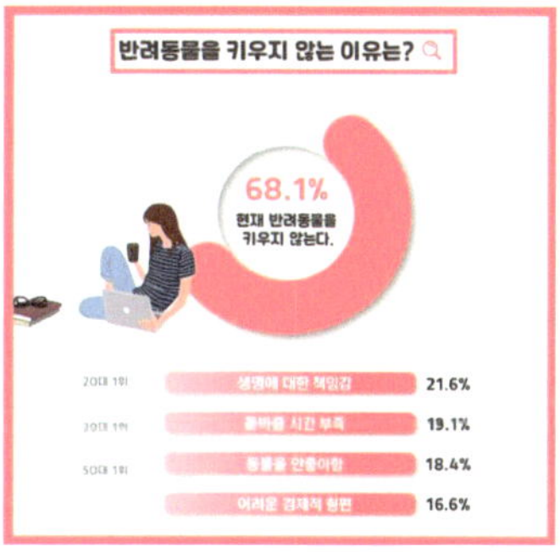

❤ 반려동물 키우지 않는 이유는 '생명에 대한 책임감'과 '시간 부족'

반려동물을 키우지 않는다고 응답한 68.1%의 응답자를 대상으로 이유를 물었더니 '생명을 책임져야 한다는 책임감이 커서'라는 응답이 21.6%로 가장 많았다. 이어 '돌봐줄 수 있는 시간이 부족해서'와 '농불을 안 좋아해서'라는 응답이 각각 19.1%, 18.4%로 나타났다.

출처 세계일보_ https://m.segye.com/view/20201020515846

4 학생용 활동 자료

자료 5 꽃으로 만드는 반려동물

꽃으로 만드는 반려동물	꽃으로 반려동물 만들기	( )학년 ( )반 ( )번 이름 ( )

❤ 반려동물의 의미를 알아봅시다.

사람과 더불어 사는 동물로, 동물이 인간에게 주는 여러 혜택을 (존)(중)하며 사람의 장난감이 아닌 더불어 살아가는 존재로 보는 의미가 담겨있다.

❤ 내가 알고 있는 반려동물의 종류를 적어봅시다.

❤ 가정에서 함께 지내고 싶은 반려동물을 정해 그림으로 표현하고, 그 반려동물의 좋은 점을 적어봅시다.

반려동물 이름	
좋은점	

원예치료교육 ❸

뿌리가 보이는 수경재배

1 교수·학습 활동의 개관

학년(군)	초 1~2학년	주제	수경재배 식물 심기
관련 성취기준	바02-02 봄에 볼 수 있는 동식물을 소중히 여기고 보살핀다. 즐02-03 봄에 볼 수 있는 동식물을 다양하게 표현한다.		
차시 분량	2차시	관련 교과목	통합 도란도란 봄동산
관련 인성 덕목	책임, 존중	핵심역량	심미적 감성 역량
학습 목표	수경재배를 통해 식물의 뿌리를 관찰하며, 식물이 살아가는 다양한 방법에 대해 이해하고 존중과 돌봄을 경험하며 책임감을 향상시킬 수 있다.		
준비물	투명용기, 맥반석, 하이드로볼, 색돌, 관엽식물(테이블야자), 물대야, 네임지, 네임펜, 피규어, 비닐팩, 일회용 숟가락 등		
지도의 중점 및 유의점	• 식물이 살아가는 다양한 방법이 있다는 것을 인식시킨다. • 수경재배가 가습효과가 있음을 이해하고, 스토리텔링에 의한 원예활동으로 호기심을 자극한다. • 식물에게 보내는 긍정적 메시지를 통해 긍정적 정서를 경험하게 한다. • 관리요령을 이해하며, 자신의 식물에 대한 책임감을 갖게 한다. • 투명용기를 유리로 사용할 경우 깨지지 않도록 주의한다.		

2 교수·학습 활동

단계	교수·학습 활동 내용
마음 열기	✔ 동기유발 자료 ⑤ 학생용 활동 자료 – 식물이 살아가는데 필요한 조건 알아보기 – 수경재배와 화분재배의 차이점 알아보기 ✔ 공부할 문제 안내
마음 가꾸기	✔ 수경재배 식물 심기 자료 ② 개념 학습 자료 ① 활동 결과물 예시 자료 ③ 참고 영상(수경재배) – 준비물을 살펴보고 재료의 특성 알아보기 – 준비된 피규어로 스토리텔링을 제시하며, 나만의 스토리가 있는 수경재배를 만들도록 설명하기 ❶ 개인 물대야에 맥반석을 한 움큼씩 담아 씻고, 투명용기에 담아준다. ❷ 하이드로볼을 한 그릇씩 나눠준 뒤, 물대야에 쏟으며 나타나는 변화를 관찰하고 깨끗이 씻은 뒤 그릇에 다시 담는다. ❸ 비닐팩 안에서 테이블야자를 포트에서 꺼내고 뿌리에 붙어있는 흙을 털어낸다. ❹ 뿌리에 남아 있는 흙을 물대야의 물로 깨끗이 씻어낸다. ❺ 한 손은 식물을 투명 용기 안에 고정하고, 다른 한 손으로는 숟가락을 이용해서 하이드로볼로 식물을 고정한다. ❻ 색돌로 마무리하고 피규어로 장식한다.
마음 나누기	✔ 내가 만든 수경재배 소개하기 – 날짜와 식물 이름을 네임지에 쓰고, 식물이 잘 자라도록 긍정적인 메시지 쓰기 – 자신이 만든 수경재배를 보여주며, 친구들에게 자신의 스토리와 긍정적 메시지 소개하기 ✔ 정리하기 – 주변을 정리하고 관리요령 안내하기
활동의 다양성	☆ 공기정화식물 외에 가정에서 쉽게 접할 수 있는 감자나 고구마, 당근 양파를 활용한 수경재배도 가능하다.
활동의 확장성	✔ 테이크아웃 컵을 재활용하여 하이드로컬쳐 소일을 이용한 수경재배도 가능하다.
활동의 난이도	✔ 쉬운 활동 – 맥반석 씻어서 용기에 담기, 색돌로 장식하기 ✔ 어려운 활동 – 뿌리에서 흙을 털어내고 씻기, 하이드로볼을 깨끗이 씻어서 그릇에 담기
평가내용	✔ 식물이 살아가는데 필요한 조건에 대해 이해하고, 수경재배와 화분재배의 차이점을 설명할 수 있다.

3 교수·학습 자료

자료 1 활동 결과물 예시

자료 2 개념 학습

수경재배(water culture, 水耕栽培)

의미 수경재배는 흙을 사용하지 않고 물과 수용성 영양분으로 만든 배양액 속에서 식물을 키우는 방법을 일컫는 말로, 물재배 또는 물가꾸기라고 한다.

양액(영양배지를 첨가한 물)은 식물 뿌리에 직접 닿게 하거나 뿌리 지지체 역할을 하는 불활성 지지체에 양액을 적시는 방법으로 공급한다. 토양을 통해 양분을 흡수하는 것에 비해 양액을 통해 영양분을 공급받게 되면 식물은 훨씬 효율적으로 양분을 흡수하여 성장이 촉진되는 효과를 가진다. 수경재배 농법을 이용하게 되면 식물의 생육환경을 세밀하게 통제할 수 있기 때문에 생산량 증대뿐 아니라 수확시기의 조절이 가능하다. 또한 토양의 질이 악화된 지역이나 작물을 키우기 힘든 지역에서도 신선한 농작물의 생산을 가능하게 한다.

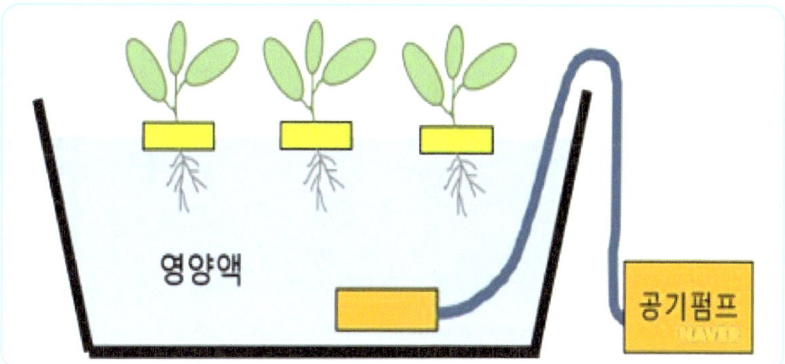

장점

- 뿌리의 상태와 성장모습을 직접 관찰할 수 있다.
- 오염되지 않은 깨끗한 채소나 작물을 생산해낼 수 있다.
- 집안에서 손쉽게 재배가 가능하여, 집안을 꾸미는 역할을 한다.

테이블야자(parlour palm)

아열대지방에 주로 서식한다. 책상 위에 올려놓고 키운다 하여 탁상야자, 테이블야자라고 불린다.

작은 화분에 심어 키울 경우 20~30cm 정도이나 야생에서는 크기는 1~2m 까지도 자란다. 짧은 줄기가 가지 없이 단단하며 곧게 자란다.

실내의 조명만으로도 잘 자라 실내에서 기르기에 적당하다. 반양지나 반음지에서 잘 자라며 강한 직사광선은 피해야 한다. 강한 햇빛을 쐬었을 경우 잎의 가장자리가 마르는 것을 볼 수 있다. 생육에 적합한 온도는 18~24℃이며 겨울에는 10℃ 이상을 유지해 주어야 월동할 수 있다.

생육이 느린 편이며 재배가 쉽고 병충해에 강하고 환경적응이 빠르다. 공기 중에 수분을 방출하는 능력이 뛰어나고 벤젠, 폼알데하이드 등의 화학물질을 제거하는데 좋아 공기정화식물로도 적절하다.

하이드로컬쳐 소일

원재료는 입자형태로써 물에 담그면 중량이 50~100배로 불어나며, 깨끗하고 맑아 마치 크리스탈의 빛을 보는듯하고, 만지는 느낌은 젤리와 같다. 작은 형태의 재료는 보관이 쉬우며, 불린소일도 그늘에서 며칠 말리면 본래의 형태로 돌아간다. 불린 소일은 96%가 수분이며 영양분과 미세원소가 풍부하고 물의 발출과 흡수를 반복함으로써 식물재배시 주기적인 물주기나 비료가 필요 없어 관리가 용이하다. 오랜시간 사용해도 색상이 변하거나 색의 물빠짐이 없다.

출처
네이버 지식백과_
https://terms.naver.com/entry.naver?docId=5647049&cid=62861&categoryId=62861
https://terms.naver.com/entry.naver?docId=1115065&cid=40942&categoryId=31872
https://terms.naver.com/entry.naver?docId=1524835&cid=40942&categoryId=32741
다음블로그_ https://blog.daum.net/psamimo/3984440

자료 3 참고 영상

테이블야자 수경재배 하는 법

출처 송수의사동식물TV_ https://www.youtube.com/watch?v=lMRSgWzKsFE [9분23초]

흙없이 물에서 자라는 수경재배식물 15가지

출처 JOY 조이 TV_ https://www.youtube.com/watch?v=f5—hwrqr2s [11분21초]

4 학생용 활동 자료

자료 5 수경재배 식물 심기

뿌리가 보이는 수경재배	수경재배 식물 심기	(　　)학년 (　　)반 (　　)번 이름 (　　　　　　　　)

❤ 식물이 살아가는 데에는 필요한 게 무엇이 있을지 생각하여 써 볼까요?

식물이 살아가기 위해서는

____

이 필요합니다.

❤ 수경재배와 화분재배의 차이점을 알아볼까요?

화분재배는 (흙)이 있고, 수경재배는 (흙)이 없어요.

❤ 우리가 오늘 심을 테이블야자의 좋은 점을 알아볼까요?

좋은점

원예치료교육 ❹

감정표현 다육식물

1 교수·학습 활동의 개관

학년(군)	초 1~2학년	주제	다육식물 심기
관련 성취기준	듣기·말하기 / 2국어01-04 듣는 이를 바라보며 바른 자세로 자신 있게 말한다.		
차시 분량	2차시	관련 교과목	국어 2. 자신 있게 말해요 창의적 체험활동 자율활동 (학교폭력예방교육)
관련 인성 덕목	존중, 소통	핵심역량	자기관리 역량, 의사소통 역량
학습 목표	화분에 자신의 감정을 자연스럽게 표현하며 다육식물을 심는 활동을 통해 정서적 안정감을 가질 수 있다.		
준비물	토분, 깔망, 마사토, 용토, 다육식물, 꾸밈 재료(눈알 모형 스티커, 버섯 모형, 무당벌레 모형) 네임펜, 네임지 등		
지도의 중점 및 유의점	• 토분의 앞면과 뒷면을 이용하여 긍정의 표정과 부정의 표정을 그림으로 표현하는 감정표현을 통해 스트레스 해소하고, 타인의 감정을 존중하며 표현력을 향상시킬 수 있도록 한다. • 화분을 통해 자신의 감정을 자연스럽게 전달하며, 흙을 직접 만지고 생명력이 강한 다육식물을 심으며 정서적 안정감을 갖게 한다. • 소근육 발달 정도에 따라 소재의 크기를 조절하여 선택한다.		

2 교수·학습 활동

단계	교수·학습 활동 내용
마음 열기	✔ 동기유발 자료 ⑤ 학생용 활동 자료 – 가장 기쁠 때, 가장 화날 때, 가장 슬플 때의 상황에 대해 이야기 나누기 – 자신의 감정을 전달하는 방법에 대해 이야기 나누기 ✔ 공부할 문제 안내
마음 가꾸기	✔ 다육식물 심기 자료 ② 개념 학습 자료 ⑤ 학생용 활동 자료 자료 ① 활동 결과물 예시 자료 ③ 참고 영상(다육식물 심기) – 다육식물을 살펴보며, 다육식물의 뜻과 재료의 특징(색깔, 향기, 촉감 등)을 살펴보고, 어떤 감정을 표현할지 생각하며 다육식물 심기 ❶ 네임펜과 눈알 스티커로 토분의 앞/뒷면에 긍정과 부정의 이미지를 그림으로 표현한다. ❷ 토분에 깔망을 넣고, 마사토를 한 숟가락 넣어 배수층을 만든다. ❸ 다육식물을 토분에 넣고 마사토와 용토를 1:1로 혼합하여 섞은 뒤 심어준다. ❹ 마사토로 다육식물을 심은 혼합토를 덮어준다. ❺ 꾸밈 재료를 활용하여 화분을 장식한다. ❻ 네임지의 앞/뒷면에 감정을 표현하는 단어를 써서 꽂아준다.
마음 나누기	✔ 다육식물 소개하기 – 다육식물화분에 표현한 자신의 감정을 친구들에게 소개하기 – 감정표현 다육식물 심기를 통해 느낀 점 발표하기 ✔ 정리하기 – 주변을 정리하고 다육식물을 관리요령 안내하기
활동의 다양성	☆ 안전을 위해 플라스틱 화분을 사용할 수 있으며, 공기식물(수염틸란드시아)을 활용하여 흙을 사용하지 않고 감정표현 벽걸이화분을 만들 수도 있다.
활동의 난이도	✔ 쉬운 활동: 화분에 표정 그리기 / 혼합용토 만들기 ✔ 어려운 활동: 자신의 감정 파악하고 그림으로 표현하기 / 다육식물의 얼굴에 흙이 들어가지 않도록 주의해서 심기
평가내용	✔ 화분에 자신의 다양한 감정을 표현하고, 이를 친구들에게 소개하는 활동을 통해 느낀 점을 발표할 수 있다.

3 교수·학습 자료

자료 1 활동 결과물 예시

자료 2 개념 학습

다육식물(Succulent plant, 多肉植物)

의미 사막이나 높은 산 등 수분이 적고 건조한 날씨의 지역에서 살아남기 위해, 땅 위의 줄기나 잎에 많은 양의 수분을 저장하고 있는 식물을 말한다. 선인장이 대표적인 다육식물이다.

재배 건조에 강한 식물이 많으므로 쉽게 말라 죽는 일은 없지만, 햇볕을 잘 쬐고 통풍을 잘해주는 것이 필수조건이다.

재배는 온실 또는 프레임 설비가 있으면 좋지만, 햇볕이 잘 드는 창가에 취미로 기를 수 있다. 배양토는 선인장류와 같이 공극이 많고 배수가 잘되는 흙을 조합한다. 보통 논흙, 부엽토, 거친 강모래를 2:3:3의 비율로 섞든가, 조개껍데기 부순 것을 일부 섞으면 좋다.

영양과 번식 아가베류·알로에류·에케베리아·스타펠리아 등은 포기 옆에서 나오는 어린 포기에 뿌리가 내렸을 때 나눠 심는데, 포기 나눈 뒤에는 며칠 그늘에서 상처를 건조시킨 후에 심는 것이 좋고, 심고 나서 즉시 물을 주지 않는 것이 좋다.

코틸레돈·크라술라·세덤 등의 돌나물과 식물은 잎이 난 곳에서 어린 식물이 난다. 실생(實生)은 4, 5월에서 여름에 걸쳐 파종한다. 파종용토는 강모래와 부엽토를 3:2의 비율로 섞어서 납작한 분에 배수가 잘 되게 흙을 담고 뿌리며, 아주 얇게 덮고 물을 주는 것은 분무(噴霧) 정도로 한다. 발아 후에는 해충에 주의하며, 발육상태를 보면서 이식한다.

출처 네이버 지식백과_ https://terms.naver.com/entry.naver?docId=1079253&cid=40942&categoryId=32310

자료 3 참고 영상

다육식물 심기

출처 심심한 단무지_ https://www.youtube.com/watch?v=LL865CkeDDQ [2분25초]

다육식물 잘 키우는 법

출처 다육이랑 화초랑_ https://www.youtube.com/watch?v=slLJmCA1tzg [3분52초]

자료 4 참고자료_ 감정을 조절하고 표현하는 교실 속 실천

감정 표현에 대한 오해와 진실

여기서 많은 사람들이 오해하는 것이 있다. 감정을 해소하기 위해 표현하는 것과 감정을 전달하기 위해 표현하는 것은 서로 별개라는 것이다. 이 두 가지를 자주 혼동하는 데, 혼동해서 나타나는 대표적인 행동이 '화를 내는 것'이다. 느낀 감정을 어떤 방식으로 표현할지는 각자 선택하는 것이다. 화를 내는 행동은 상대방에게 공격으로 받아들여지고, 존중받지 못한 느낌을 준다. 아무리 화가 나게 하는 데 기여했다 할지라도, 자신이 받은 공격이 기여한 정도를 넘는다고 지각하기 때문에 억울하다. 따라서 화를 내는 행동은 상대에게 반드시 상처를 주게 된다.

여기서 잠깐! 감정을 다루는 데 꼭 알아야 하는 두 가지를 알고 가자. 먼저, 감정은 정보이다. 감정은 어떤 자극이나 대상이 우리의 관심사나 욕구와 관련되어 있을 때 발생한다. 바라는 것을 이루는데 도움이 된다고 생각하면 긍정적인 감정을, 방해한다고 생각하면 부정적인 감정을 느낀다. 따라서 감정은 우리의 생존과 적응에 필요한 중요한 정보를 제공한다. 감정을 느끼면 그 감정이 주는 정보를 파악하여 처한 상황에서 적응적으로 행동하면 된다.

그러나 감정은 우리에게 정보만 주고 사라지는 희생적인 녀석이 결코 아니다. 발생한 감정은 오직 느끼고 충분히 표현되기를 원한다. 만약 느끼고 표현하지 않으면, 감정은 사라지지 않고 계속 우리 마음속에 남아서 표현되어 해소될 수 있는 기회를 엿보며 한 맺힌 귀신처럼 주변을 맴돈다. "나 여기 있어. 나 좀 느끼고 표현해서 해소시켜줘."라고 말이다. 따라서 발생한 감정을 없애고 싶다면, 그 감정을 느끼고 충분히 표현해야만 한다.

그런데 감정을 해소하기 위해 표현하는 데는 상대방이 결코 필요하지 않다.

많은 사람들은 감정을 유발한 사람에게 표현해야 해소된다고 생각하며, 매일 상대에게 표현할 궁리만 할 뿐, 감정을 조절할 생각을 하지 못한다. 그런데 오히려 상대나 주변 사람들에게 감정을 해소하려 표현했다가 민준이와 서윤이처럼 오해와 갈등이 더욱 깊어지곤 한다. 이러한 부작용이 발생하지 않으면서 감정을 해소하기 위한 조건은 반드시 안전한 대상(가까운 친구나 가족 등)에게 하거나, 안전한 상황(혼자 있는 방, 빈 교실, 공터 등)에서 하거나, 안전한 방식(글쓰기 등)으로 해야 한다.

감정을 해소하기 위한 세 가지 조건

감정을 효과적으로 해소하기 위해서는 몇 가지 조건이 필요하다.

첫째, 오리지널 감정을 표현해야 한다.

시험을 망칠까봐 두려워 화를 내는 경우, 화를 아무리 표현해보았자 해소되지 않는다. 오리지널 감정인 두려움을 표현해야 해소된다.

둘째, 감정을 말로 명명하며 소리 내 표현해야 한다.

보통 감정을 표현하라고 하면, 어떤 일이 있었는지 스토리를 얘기한다. 하지만, 이는 감정을 해소하는 데는 도움이 되지 않는다. “화가 나! 화가 나!”, “미안해!”, “억울해!”라고 감정을 명명해서 표현해야 한다.

셋째, 감정에 집중하며 끝까지 따라 가야한다.

화가 나는 감정에 집중하며 계속 화난 감정을 표현하다 보면, 화난 감정이 사그라들고 미안한 감정과 같은 다른 감정이 떠오른다. 그러면 또 그 감정을 소리내 표현한다. 이렇게 모든 감정들이 사라지고 시원하고 편안한 감정 상태에 이를 때까지 집중하며 감정이 변화하는 것을 끝까지 따라가는 것이 중요하다.

감정을 효과적으로 전달하는 3단계

만약 상대방에게 감정을 전달하기로 결정했다면, 두 가지 사항이 먼저 이루어져야 한다. 감정을 전달하기 전에 먼저 해소해야 한다. 해소하지 않은 채 감정을 상대에게 표현하면, 해소하지 못한 감정이 얼굴표정과 태도로 전달되면서 상대방은 정작 전달하고자 하는 메시지에는 주목하지 못할 것이다. 또한 자신의 감정을 이해해야 한다. 왜 그러한 감정을 느꼈는지 원인을 먼저 알아야 하고, 상대방에게 무엇을 원했는지 알아야 효과적으로 전달할 수 있기 때문이다.

자, 이제 감정을 전달할 준비를 마쳤다면, 감정을 효과적으로 전달해보자.

1단계, 자신의 감정을 얘기하기 전에 먼저 상대방의 입장을 이해하고 있음을 전달해야 한다.

그래야 상대도 이해받고 존중받는다고 느끼면서 이야기를 들을 여유가 생긴다.

2단계, 자신의 감정을 ‘나 전달법’으로 전달한다.

이때 어떤 자극에 어떤 생각이 들어서 어떤 감정을 느꼈는지 ‘나’를 주어로 전달하는 것이 핵심이다. 대부분 ‘너’를 주어로 전달하기 때문에 상대는 공격당하는 느낌이 들어 방어부터 한다.

3단계, 마지막으로 상대에게 무엇을 원하는지 전달함으로써 관계 속에서 불쾌한 감정이 재발하지 않도록 한다.

예를 들어, “네가 요새 너무 바빠서 나와의 약속을 깜빡 잊을 수 있다는 건 충분히 이해해(1단계). 그런데 네가 약속을 자꾸 잊는 것이 나와의 약속을 중요하게 여기지 않아서라 생각되어서 나는 서운해(2단계). 앞으로는 약속을 조금만 더 잘 지켜주었으면 좋겠어(3단계).”라고 말이다.

출처 교육부_ https://happyedu.moe.go.kr/happy/bbs/selectHappyArticleImg.do?nttId=7825&bbsId=BBSMSTR_000000000192

4 학생용 활동 자료

자료 5 감정표현 다육식물

감정표현 다육식물	다육식물 심기	(　　)학년 (　　)반 (　　)번 이름 (　　　　　　　　)

가장 기뻤을 때, 슬펐을 때, 화났을 때가 언제인지 써보고, 친구들과 이야기를 나누어 봅시다.

가장 기뻤을 때	가장 슬펐을 때	가장 화났을 때

다육식물이 무엇인지, 그리고 어떤 좋은 점이 있는지 알아봅시다.

다육식물이란?	• 사막이나 높은 산 등 수분이 적고 건조한 날씨의 지역에서 살아남기 위해, 땅 위의 줄기나 잎에 많은 양의 수분을 저장하고 있는 식물을 말합니다. • 대표적인 다육식물에는 (선)(인)(장)이 있습니다.
좋은 점	• 공기 중에 있는 나쁜 물질을 없애주어 (공)(기)를 깨끗하게 만들어줍니다. • (물)을 자주 주지 않아도 되고, 예쁜 모습을 오랫동안 볼 수 있습니다.

원예치료교육 5

오감자극 꽃정원

1 교수·학습 활동의 개관

학년(군)	초 3~4학년	주제	나만의 꽃정원 만들기
관련 성취기준	4미01-01 자연물과 인공물을 탐색하는데 다양한 감각을 활용할 수 있다. 4미02-05 조형 요소(점, 선, 면, 형·형태, 색, 질감, 양감 등)의 특징을 탐색하고, 표현 의도에 적합하게 적용할 수 있다.		
차시 분량	2차시	관련 교과목	미술 체험, 표현
관련 인성 덕목	자기 조절, 책임	핵심역량	자기관리 역량, 창의적 사고 역량
학습 목표	오감을 자극하는 절화[11])로 나만의 꽃정원을 만들고, 이를 통해 스트레스를 해소하고, 집중력과 표현력을 향상시킬 수 있다.		
준비물	화기, 플로랄폼, 가위, 절화, 하드스틱, 꾸밈 재료(울타리, 피규어 외) 등		
지도의 중점 및 유의점	• 시각, 청각, 촉각, 후각 등의 자극으로 소재에 대한 흥미와 호기심을 유발하고, 잎을 떼어내며, 줄기를 정리하는 등 사회적으로 허용되는 수단을 통해 자신의 마음속 부정적인 감정을 완화하여 스트레스를 줄일 수 있도록 지도한다. • 가위 사용법을 사전에 지도를 통해 안전하게 사용하도록 안내한다. • 플로랄폼은 작은 힘에도 쉽게 변형되거나 구멍이 생길 수 있으므로 주의하여 다룰 수 있도록 지도한다.		

11) 식물로부터 꽃이나 꽃봉오리를 줄기와 잎과 함께 잘라낸 것

2 교수·학습 활동

단계	교수·학습 활동 내용
마음 열기	✔ 동기유발 자료 5 학생용 활동 자료 – 꽃을 보았을 때의 감정에 대해 이야기 나누기 – 주변(집, 학교)에서 보았던 꽃들을 떠올리며, 꽃정원이라고 하면 생각나는 것들에 대해 이야기 나누기 – 준비물(동물 피규어, 울타리 등의 소품)을 보며 나만의 꽃 정원 상상하기 ✔ 공부할 문제 안내
마음 가꾸기	✔ 나만의 꽃정원 만들기 자료 2 개념 학습 자료 1 활동 결과물 예시 자료 3 참고 영상(꽃이 가득한 비밀 정원) – 재료의 특징(꽃의 크기, 색깔, 향기, 촉감)을 살펴보고, 내가 상상한 꽃정원을 생각하며 절화를 이용하여 나만의 꽃정원 만들기 ❶ 플로랄폼의 무게와 촉감을 느껴보고, 글씨가 위로 향하도록 물대야에 넣고, 물이 충분히 흡수되도록 기다린다. ❷ 여러 종류의 절화를 탐색하며 감각을 자극하고, 절화의 종류별 특성에 맞게 잎을 떼어내며, 줄기를 정리한다.(잎을 떼어내는 이유는 뿌리가 없는 절화의 수명을 길게 하기 위함) ❸ 꽃 얼굴의 크기가 비슷한 소재끼리 구분하여 나눈다. ❹ 내가 상상하는 꽃 정원이 완성되도록 꽃을 선택해서 꽂는다(꽃의 크기가 작거나, 봉오리 일수록 키를 높게, 얼굴이 큰 꽃, 활짝 핀 꽃은 키를 낮게 배치한다) ❺ 피규어 등의 꾸밈 재료를 활용하여 스토리가 있는 나만의 꽃 정원을 장식한다. ❻ 편백, 루스커스 등의 잎 소재를 활용하여 플로랄폼이 가려지고, 자연스러운 꽃밭이 완성되도록 마무리한다.
마음 나누기	✔ 나의 꽃정원 소개하기 – 내가 만든 꽃정원에 이름을 정하고, 친구들에게 소개하기 ✔ 정리하기 – 꽃을 오래 볼 수 있는 관리 방법 안내하기
활동의 다양성	★ 계절별 소재에 따라 다양한 꽃정원을 표현할 수 있다. ★ 소품(동화 속에 등장하는 동물 피규어, 직접 만든 허수아비, 울타리)등을 활용하여 자신의 꽃정원에 스토리를 만들 수 있다.
활동의 난이도	✔ 쉬운 활동 – 줄기의 잎 제거하기 / 꾸밈 재료로 장식하기 ✔ 어려운 활동 – 학교화단에서 보았던 꽃 기억하기 / 여러 소재를 활용하여 다양한 방법으로 꽃정원 표현하기
평가내용	✔ 오감을 활용한 절화를 통해 꽃정원을 상상하여 간단한 그림으로 나타내고, 이를 바탕으로 나만의 꽃정원을 완성하여 친구들에게 소개할 수 있다.

3 교수·학습 자료

자료 1 활동 결과물 예시

자료 2 개념 학습

정원(garden, 庭園)

우리의 옛 기록에 나타난 '정庭'은 담장 안의 뜰을 의미하며, '원園'은 울타리를 치고 그 안에 과수를 심은 동산을 말한다. 정원이라는 용어가 처음 쓰인 것은 조선시대 숙종 때이다. 『숙종실록肅宗實錄』 권59(숙종 43년, 3월 13일 무진)에 따르면 '정원庭園'은 일반 민가의 정원임을 분명히 밝히고 있다. 결국 '정원庭園'은 과수·꽃 등을 심은 일반 집 안에 있는 뜰과 동산을 말한다.

플로랄폼(floral foam)

페놀수지(Phenol formaldehyde resin)를 흡수성 및 친수성이 있도록 만든 스펀지 형태의 물건이다. 정식 명칭은 친수성 원예용 발포제(Wet floral foam)지만 상표명인 오아시스로 더 잘 알려져 있다. 물을 스펀지 같이 흡수하지만 쉽게 내뱉지 않는다. 손으로 문지르면 부서지고 누르면 움푹 파인다. 물에 적시지 않았다면 부서지면서 가루가 날릴 수 있다. 플로랄 폼보다 큰 그릇에 물을 담고 플로랄 폼을 띄우면 천천히 물이 흡수되는데 이때 손으로 누르거나 위에서 물을 부으면 겉 부분만 코팅이 되어서 플로랄 폼의 속까지 물이 흡수되지 않으므로 꽃을 꽂았을 때 꽃이 물을 먹을 수가 없게 된다.

출처 한국민속대백과사전_ https://folkency.nfm.go.kr/kr/topic/detail/8499
나무위키_ https://namu.wiki/w/%ED%94%8C%EB%A1%9C%EB%9E%84%20%ED%8F%BC

자료 3 참고 영상

꽃이 가득한
비밀 정원

출처 꽃이 가득한 비밀 정원_ https://www.youtube.com/watch?v=tMrCr9QccYU [3분36초]

자료 4 참고자료_ 국립산림치유원의 '치유정원'

[주치골 지구(영주)]

[문필봉 지구(예천)]

- 위치 : 경북 영주/예천 일대 중심시설지구
- 면적 : 142ha
- 주요시설 : 건강증진센터, 수(水)치유센터, 장·단기 숙박시설, 치유숲길, 치유정원, 산림치유문화센터 등

향기치유정원

방향성 식물을 활용하여 오감을 활성화하고 자연 치유력을 향상시키기 위해 만든 정원. 우리나라 향토식물 위주로 64종, 100,000여 본을 식재.

맨발치유정원

다양한 자연소재로 인체의 신경이 모두 모여있는 발을 자극하여 심신 안정과 건강증진 피로회복과 뭉친 근육을 이완시켜 주는 정원.

한방체험 전시원

자연 친화적인 건강체험의 공간으로 활용할 수 있도록 한방처방으로 널리 쓰이는 식물을 6가지 주제로 구분하여 국내 약용식물 70종 11,600여 본을 식재한 전시원.

음이온 치유정원

계곡 주변에 인간의 신체를 활성화하는 음이온이 풍부한 계곡과 산림에 정원을 조성하여 심신 안정과 건강증진.

출처 국립산림치유원_ https://daslim.fowi.or.kr/

4 학생용 활동 자료

자료 5 나만의 꽃정원 만들기

오감만족 꽃정원	나만의 꽃정원 만들기	(　　)학년 (　　)반 (　　)번 이름 (　　　　　　　)

- 최근에 내가 느낀 부정적인 감정(상처받은 일, 슬펐던 일, 화났던 일 등)을 느꼈던 일을 적고, 짝과 이야기를 나누어 봅시다.

- 내가 경험한 것을 생각하며 '꽃정원' 하면 떠오르는 것을 자유롭게 적어봅시다.

- 준비물을 살펴보고, 나만의 꽃정원을 어떻게 만들지 상상하여 스케치해 보고, 꽃 정원의 이름과 그렇게 이름을 지은 이유를 적어봅시다.

꽃정원 이름	
이유	

원예치료교육 6

걱정 탈출 리스

1 교수·학습 활동의 개관

학년(군)	초 3~4학년	주제	걱정인형 리스만들기
관련 성취기준	4과05-01 식물의 생김새와 생활 방식이 환경과 관련되어 있음을 설명할 수 있다. 4미01-04 미술을 자신의 생활과 관련 지을 수 있다.		
차시 분량	2차시	관련 교과목	과학 1. 식물의 생활 미술 체험
관련 인성 덕목	자기 존중, 소통	핵심역량	심미적 감성 역량, 의사소통 역량
학습 목표	나의 걱정을 대신해 줄 걱정인형과 스칸디아모스를 이용한 리스를 만들며 스트레스를 해소하고 집중력을 향상시킬 수 있다.		
준비물	걱정인형 키트, 리스틀, 스칸디아모스, 목공풀, 보존화, 실, 컬러네임펜 등		
지도의 중점 및 유의점	• 자신의 걱정을 덜어줄 걱정인형의 유래를 이해하며, 긍정적 지지와 격려를 통해 자신감을 향상시킬 수 있도록 지도한다. • 스칸디아모스의 부드러운 촉감을 통해 심리적 안정감을 갖게 하고 스트레스를 해소하도록 지도한다. • 활동 결과물을 바탕으로 서로에 대한 긍정적인 정서 지원을 통해 자존감을 높일 수 있도록 지도한다. • 스칸디아모스를 목공풀로 붙일 때 모스 사이로 풀이 스며 나올 수 있으니 주의한다.		

2 교수·학습 활동

단계	교수·학습 활동 내용
마음 열기	✔ 동기유발 **자료 5 학생용 활동 자료** **자료 2 개념 학습** – 최근 나의 걱정거리에 대해 이야기 나누기 – 걱정인형과 리스의 유래 알아보기 – 준비물을 살펴보고 재료의 특성 알아보기 ✔ 공부할 문제 안내
마음 가꾸기	✔ 걱정인형 리스만들기 **자료 5 학생용 활동 자료** **자료 1 활동 결과물 예시** **자료 3 참고 영상**(과테말라 걱정인형, 스칸디아모스 리스만들기) – 재료의 특성(스칸디아모스의 촉감 등)을 살펴보고, 재료의 장점 알아보기 ① 걱정을 대신해 줄 걱정인형에 실을 감아주거나 네임펜을 이용하여 옷을 입혀준다. ② 완성된 걱정인형을 고리에 연결하여 리스에 달아준다. ③ 불순물을 제거한 스칸디아모스를 사용하기 편리하게 조금씩 뜯어놓는다. ④ 정리해둔 스칸디아모스로 리스틀이 보이지 않도록 목공풀로 붙여준다. ⑤ 보존화를 이용하여 리스를 장식하고 마무리한다.
마음 나누기	✔ 나의 걱정인형 리스 발표하기 – 걱정인형이 대신해 줄 나의 걱정이 무엇인지, 리스를 어떤 주제로 만들었는지 발표하기 ✔ 정리하기 **자료 5 학생용 활동 자료** – 활동한 결과물을 한자리에 모아 서로의 작품을 칭찬하고 격려하기 – 스칸디아모스 관리 방법 안내하기
활동의 다양성	☆ 계절에 따라 상징되는 다양한 색의 스칸디아모스를 활용할 수 있으며 부재료를 변경하여 활용할 수 있다. ☆ 스칸디아모스와 보존화를 대체하여 실크플라워로 리스를 장식할 수도 있다.
활동의 난이도	✔ 쉬운 활동 – 걱정인형을 네임펜으로 색칠하기 / 스칸디아모스 손질하기 ✔ 어려운 활동 – 걱정인형에 실을 감아 옷 입혀주기 / 스칸디아모스를 목공풀로 리스틀에 붙이기
평가내용	✔ 걱정인형과 리스의 유래를 알고, 걱정인형 리스를 만들어 친구들에게 소개할 수 있으며 친구 작품의 장점을 말할 수 있다.

3 교수·학습 자료

자료 1 활동 결과물 예시

자료 2 개념 학습

걱정인형

내일은 무슨 신나는 일이 벌어질까, 하며 곯아떨어져야 하는 게 아이다. 어린 아이가 걱정으로 잠을 이루지 못한다는 건 안타까운 일이다. 그 안타까움이 중부 아메리카 과테말라(Guatemala)에서는 '걱정 인형'을 낳았다.

걱정 인형은 '걱정일랑 내게 맡겨. 그리고 너는 잠이나 자.'라고 속삭인다. 듣기만 해도 위로가 되는 그 듬직한 역할 덕분에 걱정 인형은 세계의 많은 사람들에게서 사랑을 받고 있다. 하지만 세계의 여러 인형들 중에서 외모로만 치자면 크기도 가장 작을뿐더러 얼굴 역시 그리 예쁘지 않은, 특이한 인형이다.

걱정 인형은 옛 마야 문명의 발상지인 중부 아메리카의 과테말라에서 오래전부터 전해오는 인형이다. 아이가 걱정이나 공포로 잠들지 못할 때 부모들은 작은 천 가방, 혹은 나무 상자에 인형을 넣어 아이에게 선물해줬다. 그 속엔 보통 6개의 걱정 인형이 들어가 있다. 아이가 하루에 하나씩 인형을 꺼내 자신의 걱정을 말하고 베개 밑에 넣어두면 부모는 베개 속의 걱정 인형을 치워버린다. 그리고 아이에게 "네 걱정은 인형이 가져갔단다."라고 이야기한다. 이 과정이 특히 중요하다. 아이들은 인형이 자신의 걱정과 함께 사라졌다는 사실을 확신하기 때문이다.

아이들은 걱정 인형에게 자기의 걱정거리를 이야기하는 순간부터 걱정을 지워나간다. 부모에게도 쉽게 말할 수 없는 크고 작은 모든 걱정들을 털어놓을 수 있다. '걱정 인형이 내 걱정을 대신해줄 것'이란 믿음은 의학적으로도 유용한 '처방'이다. 실제로 병원이나 아동상담센터 등에서 아이들의 수면 장애나 심리 치료의 목적으로 이용하기도 한다.

걱정 인형이 언제부터 생겨났는지 정확한 기록은 없지만 몇 세대 전쯤으로 추정된다.

❤ 리스(wreath)

영예 또는 축복을 의미하며 종교의식이나 축제 때 사용한다. 고대 이집트에서는 꽃을 아마로 만든 끈에 꿰매어 만든 화관이 가장 널리 보급되었다. 고대 그리스에서는 보통 올리브·솔·월계수·종려나무 등의 잎으로 만든 화환이 올림피아 경기에서 우승한 선수들에게 수여되었고, 시인과 웅변가들에게도 시상되었다.

고대 그리스의 젊은 연인들은 애인 집의 문간에 애정의 표시로 화환을 걸었다. 로마에서도 특히 문관들과 개선하는 전사들에게 영예의 표시로 월계관이 수여되었다. 이탈리아의 르네상스기(15, 16세기경) 동안 경축일에 화환을 쓰는 풍습이 되살아났다. 그 후 빅토리아 왕조의 영국에서는 종종 연회에서 주빈의 의자에 화환을 둘러 예우를 표했다.

화환은 전통적으로 종교적 의미를 지녔다. 그리스와 로마의 신화작가들은 화환을 영예의 상징으로 언급했고, 중세시대(5~15세기경)에는 화환이 종종 묵주 모양으로 엮어졌으며, 18세기 멕시코에서는 수녀들이 수도 서원을 하는 날 기쁨의 표시로 머리에 화환을 썼다. 그리스도교에서 사용하는 4개의 양초가 달린 강림절 화환은 크리스마스 직전 4번의 안식일을 상징한다. 보통 호랑가시나무의 잎과 열매로 만든 크리스마스용 화환을 걸어두는 것은 북유럽·미국·캐나다에서 볼 수 있는 풍습이다.

이밖에 애도의 표시로 조화용 화환을 상가의 대문에 걸거나 생명의 연속성을 의미하는 둥근 모양의 꽃 화환을 묘소에 얹기도 한다.

출처 네이버 지식백과_ https://terms.naver.com/entry.naver?docId=2267816&cid=51089&categoryId=51089
다음백과_ https://100.daum.net/encyclopedia/view/b25h2461a

자료 3 참고 영상

과테말라의 걱정인형

출처 걱정은 이제 그만! 과테말라 '걱정인형'_ https://youtu.be/YXj8ocr6xsU[6분43초]

스칸디아모스 리스만들기

출처 스칸디아모스 리스만들기_ https://youtu.be/r3FnpsenBos[9분23초]

4 학생용 활동 자료

자료 5 걱정인형 리스만들기

걱정 탈출 리스	걱정인형 리스만들기	( )학년 ( )반 ( )번 이름 ( )

- 최근에 내가 가지고 있는 걱정거리를 한 가지 적어 짝과 이야기를 나누고, 걱정인형의 유래에 대해 알아봅시다.

요즘 나의 걱정은 ____________

걱정인형은 옛 마야 문명의 발상지인 중부 아메리카의 과테말라에서 오래전부터 전해오는 인형인데, 자기의 걱정거리를 인형에게 이야기하면 그 걱정은 인형이 가져간다고 합니다.

- 스칸디아모스를 만져보고, 어떤 느낌과 기분이 드는지 써 봅시다.

- 걱정인형 리스를 만들고 난 후에 나와 친구의 작품을 칭찬하고, 자신의 걱정을 해결하기 위해 해야 할 일을 구체적으로 적어봅시다.

내 작품 칭찬하기	친구( )의 작품 칭찬하기	나의 걱정을 해결하기 위해 할 일

원예치료교육 7

깨끗한 공기를 부탁해!

1 교수·학습 활동의 개관

학년(군)	초 3~4학년	주제	공기정화식물 심기
차시 분량	2차시	관련 교과목	창의적 체험활동 자율활동 (환경·지속가능발전교육)
관련 인성 덕목	자기 존중, 책임	핵심역량	자기관리 역량, 심미적 감성 역량
학습 목표	공기정화식물의 뜻과 기능을 알고, 자신과 닮은 식물을 찾아보며 공기정화식물 심기를 통해 돌봄에 의한 책임감과 자존감을 높일 수 있다.		
준비물	화분, 깔망, 대립/소립 마사토, 용토(피트모스, 펄라이트), 화장석(하이드로볼), 공기정화식물, 일회용 숟가락, 팻말, 네임펜 등		
지도의 중점 및 유의점	• 식물에 대해 호기심을 갖게 하고, 식물이 잘 자랄 수 있는 환경에 대해 이해할 수 있도록 지도한다. • 식물을 조심스럽게 다루며 자신의 활동으로 완성된 식물의 관리요령을 이해하고 생명 존중과 돌봄을 경험하며 이에 대한 책임감을 갖도록 지도한다. • 키가 큰 식물과 작은 식물을 어울리게 배치하며, 서로의 활동에 대한 긍정적 지지로 자존감을 향상시키고, 배려와 존중을 경험하게 한다. • 토기 화분을 사용할 경우, 깨지지 않도록 주의한다.		

2 교수·학습 활동

단계	교수·학습 활동 내용
마음 열기	✔ 동기유발 자료 5 학생용 활동 자료 자료 2 개념 학습 자료 4-2 공기정화식물의 분류 – 다양한 식물(스파트필름, 아이비 등)을 탐색하며, 공기정화식물의 뜻과 분류에 대해 알아보기 – 자신과 가장 닮은 식물을 찾아보고, 이야기 나누기 ✔ 공부할 문제 안내
마음 가꾸기	✔ 공기정화식물 심기 자료 1 활동 결과물 예시 자료 3 참고 영상(공기정화식물 심기) – 공기정화식물을 살펴보며 화분에 어떻게 배치하여 심을지 생각해 보기 ❶ 대립, 소립 마사토, 용토, 화장석들을 관찰하며 다양한 흙의 종류와 특성에 대해 알아본다. ❷ 화분에 깔망을 넣고, 대립마사토로 깔망이 보이지 않도록 덮어준다. ❸ 식물뿌리에 공기의 흐름이 잘되도록, 소립마사토와 용토를 1:3의 비율로 혼합하여 섞은 뒤 대립 마사토가 보이지 않도록 덮어준다. ❹ 키가 큰 식물의 비닐포트를 두 손으로 감싸서 마사지하듯 주물러준 뒤 식물을 꺼내서 화분에 넣는다. ❺ 키가 작은 식물도 같은 방법으로 꺼내서, 두 식물이 어울리게 배치하고, 혼합 용토로 심어준다. ❻ 화장석(하이드로볼)을 이용하여 혼합 용토가 보이지 않도록 덮어주고 마무리한다.
마음 나누기	✔ 공기정화식물 꾸미기 – 자신의 화분에 날짜, 식물 이름을 쓴 팻말 꽂기 – 화분의 표면을 각자 원하는 대로 예쁘게 꾸미기 ✔ 정리하기 – 주변을 정리하고, 활동한 결과물을 한자리에 모아 서로의 작품을 칭찬하고 격려하기 – 공기정화식물 관리요령 안내하기
활동의 다양성	☆ 식물심기 활동은, 일반가정에서도 잘 자라고, 수확 후 먹거리로 활용할 수 있는 ❶ 쌈채소 모종이나, ❷ 허브식물을 심고, 수확하여 ❸ 먹거리(허브식초)로 활용 할 수도 있다.
활동의 난이도	✔ 쉬운 활동 — 용토 혼합하기 ✔ 어려운 활동 — 식물 배치하여 심기
평가내용	✔ 다양한 식물의 장점을 알고 자신과 가장 닮은 식물을 찾아 이야기를 나눌 수 있으며, 반려식물을 키우는 방법을 설명할 수 있다.

3 교수·학습 자료

자료 1 활동 결과물 예시

자료 2 개념 학습

공기정화식물(air filtering plants, 空氣淨化植物)

의미 실내 공기 속에 있는 각종 오염물질이나 유해 물질 등을 정화해 실내 환경을 쾌적하게 하는 식물이다. 실내 오염물질로 꼽히는 포름알데히드, 일산화탄소, 암모니아, 벤젠, 톨루엔 등의 휘발성유기화합물을 제거하며, 미세먼지 정화, 실내 습도 조절 등의 역할을 한다. 또 실내 공간을 아름답게 하거나 피로 회복 및 심리적 안정감을 제공하고 여가 활용 대상으로 이용되기도 한다.

공기 정화의 원리 식물은 광합성, 증산작용, 토양 내 미생물과의 상호작용을 통하여 실내오염물질을 제거한다. 잎에 흡수된 오염물질은 식물의 대사산물로 이용되어 일부는 제거되고 일부는 뿌리로 이동하여 토양미생물의 영양원으로 활용된다. 포름알데히드의 경우, 잎의 기공을 통하여 식물에 흡수된 후 포름산, 이산화탄소로 차례로 전환되고, 광합성 과정을 거쳐 광합성의 대사 산물로 이용되면서 그 독성이 제거된다.

식물의 증산작용에 의하여 엽맥의 수분이 감소하게 되면 부압(대기압보다 낮은 압력)이 발생하여 줄기와 뿌리의 물을 끌어올리게 되고 이에 따라 뿌리에서도 부압이 발생한다. 이 부압에 의하여 공기중의 오염물질이 토양에 흡착되고 미생물에 의해 제거된다. 또한 잎의 증산작용을 통하여 실내의 온·습도가 조절되며 산소, 향 등의 방출물질에 의하여 실내 환경이 쾌적해진다. 이러한 공기정화는 광량이 많아 광합성속도가 빠를수록 잘 이루어지며 오염물질을 많이 처리할수록 미생물이 많아져 효율이 좋아진다.

공기정화식물의 분류 공기정화식물은 흡수유해물질, 배출 물질, 재배 방법에 따라 나눌 수 있다.

제거하는 흡수유해물질에 따른 분류는 제거할 수 있는 유해물질의 종류와 제거하는 정도의 차이에 따라 크게 포름알데히드 제거식물, 벤젠이나 톨루엔 또는 크실렌과 같은 휘발성유기화합물(VOC) 제거식물, 암모니아 제거식물, 일산화탄소 제거식물 등으로 나뉜다.

대나무야자, 골든포토스, 홍콩야자, 거베라, 고비, 부처손 등은 포름알데히드 제거 효과가 뛰어나다. 관음죽과 국화는 암모니아 흡수 능력이 좋다. 스파티필름은 알코올·아세톤·벤젠·포름알데히드 등의 휘발성유기화합물 제거 및 습도조절 능력이 있으며 관음죽, 파키라는 이산화탄소 제거에 좋다. 안스리움, 골든포토스 등은 일산화탄소 제거 능력이 우수하다. 이 외에 사무기기에서 나오는 화학물질을 없애 주는 알로카시아, 가정용품에서 나오는 화학물질을 흡수하는 아이비 등도 있다. 산세비에리아, 선인장과 같은 다육식물은 낮에는 기공을 닫고 수분 손실을 줄이며 밤에 기공을 열어 이산화탄소를 흡수한다. 이와 같은 다양한 화학물질 이외에도 2.5㎛ 미만의 미세먼지

역시 잎 표면의 털 등에 흡착되어 기공으로 흡수하여 제거되기도 한다. 향기, 피톤치드, 수분 등의 배출량이 좋을수록 우수한 공기정화식물로 분류된다. 율마 등은 식물이 병원균·해충·곰팡이에 저항하려고 내뿜거나 분비하는 물질인 피톤치드(Phytoncide)를 발생시키는데 이는 실내 부유세균의 수를 감소시키는 살균 효과뿐 아니라 방충, 탈취 및 스트레스 감소 효과도 나타나는 것으로 알려져 있다. 아레카야자(황야자)는 증산작용 능력이 매우 뛰어나 실내 습도 조절에 좋다.

NASA의 식물공기정화능력 실험 공기정화식물은 우주 혹은 닫힌 계에서의 생명 유지를 목적으로 연구되기 시작하였다. 1980년대 식물이 휘발성유기화합물(VOC)정화 능력이 있다는 사실이 밝혀지기 시작하였다.

미항공우주국(NASA)은 우주선의 밀폐된 공간 안에서 효율적이고 생태적 생명유지시스템의 실현을 위하여 식물을 이용한 폐수처리, 식용 작물 등 다양한 관련 연구를 수행하였다.

이 연구 중 하나로 밀폐된 실내에서 발생하는 각종 오염물질을 제거하고 실내 공기를 정화하여 내부의 생명체가 건강하게 생활할 수 있도록 하기 위한 실험이 '나사의 공기 정화 연구: 실내공기오염물질 감소를 위한 실내조경식물이다. 이 실험은 12종의 실내 식물에 대하여 포름알데히드, 벤젠, 트라이클로로에틸렌의 정화능력을 확인한 것으로 실생활과 유사한 환경을 갖는 길이 13.7m, 너비 5m의 밀폐된 공간(Biohome) 내부에서 이루어졌다. 1989년에 발표된 보고서에 따르면 밀폐된 공간에서 식물이 유해한 휘발성유기화합물을 제거하는 능력이 있으며 새집증후군을 제거하는 데에도 효과적이라는 사실을 발표한 바 있다.

출처 네이버 지식백과_ https://terms.naver.com/entry.naver?docId=1228334&cid=40942&categoryId=32667

자료 3 참고 영상

공기정화식물 심기

출처 키우기 쉬운 공기 정화 식물~분갈이 방법_ https://www.youtube.com/watch?v=Fp2RBtf26YY[3분29초]

공기정화식물의 미세먼지 제거 효과

출처 공기정화 식물, 정말 황사와 미세먼지 제거 효과가 있을까?_ https://www.youtube.com/watch?v=mNpkj3LnKCw[6분1초]

자료 4-1 참고자료_ 식물의 공기 정화 방법

출처 네이버 지식백과_ https://terms.naver.com/entry.naver?docId=1228334&cid=40942&categoryId=32667

자료 4-2 참고자료_ 공기정화식물의 분류

❤ 포름알데히드 제거에 좋은 식물

보스턴고사리

아이비

인도고무나무

암모니아 제거에 좋은 식물

관음죽

맥문동

벤자민고무나무

이산화탄소, 일산화탄소 제거에 좋은 식물

대나무야자

산세베리아

안스리움

화학물질 제거에 좋은 식물

드라세나 맛상게아나(행운목)

마코야나

알로카시아

증산작용이 좋은 식물

아레카야자

테이블야자

홍콩야자

출처 네이버 지식백과_https://terms.naver.com/entry.naver?docId=1228334&cid=40942&categoryId=32667

자료 4-3 참고자료_ 흙의 종류와 특징

용토

일반적으로 식물을 키우기 위하여 인위적으로 만든 흙을 이르며, 보수성, 통기성, 배수성, 보비성 등을 고려하여 사용한다.

마사토

지름 0.002mm 이하, 점토분이 12.5% 이하인 입자로 된 토양으로 화강암의 풍화작용으로 만들어진다. 마사토는 크게 백마사와 질마사로 구분하며, 크기에 따라 소립, 중립, 대립 마사토로 나뉜다. 주로 화분 분갈이나 정원 조경, 분재 등지에 널리 쓰인다.

화장석

분화재배 시 용토의 표면을 덮어주는 역할을 하는 장식돌을 화장석이라고하며, 하이드로볼, 마사토, 화산재, 애그스톤, 색돌 등 종류가 다양하다.

출처 네이버 지식백과_ https://terms.naver.com/entry.naver?docId=5766999&cid=64628&categoryId=64628

4 학생용 활동 자료

자료 5 공기정화식물 심기

깨끗한 공기를 부탁해!

공기정화식물 심기

( )학년 ( )반 ( )번
이름 ( )

공기정화식물의 뜻을 알고, 공기정화식물의 기능에 따라 분류를 해 봅시다.

뜻	

분류

구분	식물 이름
포름알데히드 제거에 좋은 식물	
암모니아 제거에 좋은 식물	
이산화탄소, 일산화탄소 제거에 좋은 식물	
화학물질 제거에 좋은 식물	
증산작용이 좋은 식물	

공기정화식물을 조사하여 그 특징을 알아보고, 자신과 닮은 공기정화식물을 찾아 어떤 점이 닮았는지 써 봅시다.

이름		공기정화식물과 자신이 닮은 점을 써 보세요.
특징		

원예치료교육 ❽

투명용기 속 작은 지구

1 교수·학습 활동의 개관

학년(군)	초 3~4학년	주제	테라리움 만들기
관련 성취기준	4과05-02 식물의 생김새와 생활 방식이 환경과 관련되어 있음을 설명할 수 있다. 4과13-01 씨가 싹 트거나 자라는 데 필요한 조건을 설명할 수 있다.		
차시 분량	2차시	관련 교과목	과학 1. 식물의 생활 과학 3. 식물의 한살이
관련 인성 덕목	자기 조절, 배려	핵심역량	자기관리 역량, 심미적 감성 역량
학습 목표	식물이 살아가는 환경을 이해하며 테라리움 만들기를 통해 집중력을 높이고 생명을 돌보는 책임감을 가질 수 있다.		
준비물	투명용기, 다육식물, 맥반석, 색모래, 용토, 소립마사토, 화장석, 꾸밈 재료, 일회용 숟가락, 하드스틱, 네임펜, 애그스톤 등		
지도의 중점 및 유의점	• 식물이 살아가는 다양한 환경에 대해 이해하며 식물에 대한 호기심을 자극한다. • 색모래의 패턴을 이용해 자신의 감정을 표현하며, 집중력을 향상시킬 수 있도록 지도한다. • 뿌리가 적은 식물이 잘 심겼는지 꼼꼼히 살피며 식물에 대한 애착과 돌봄의 책임을 갖게 하고, 완성된 결과물을 통해 만족감을 충분히 느낄 수 있도록 지도한다. • 색모래를 넣으며, 용기를 움직이지 않도록 주의한다.		

2 교수·학습 활동

단계	교수·학습 활동 내용
마음 열기	✔ 동기유발 자료 5 학생용 활동 자료 자료 2 개념 학습 – 식물이 살아가는 데에 필요한 환경 알아보기 – 테라리움의 뜻과 종류 알아보기 ✔ 공부할 문제 안내
마음 가꾸기	✔ 테라리움 만들기 자료 1 활동 결과물 예시 자료 3 참고 영상(테라리움 만들기) – 용기와 식물의 종류, 색모래 등을 살펴보며 테라리움을 어떻게 만들지 생각해 보기 ❶ 오픈형 투명용기에 맥반석을 한 움큼 넣는다. ❷ 투명용기에 1/3 높이 가량 지층 모양이 되도록 색사를 넣어 쌓는다. ❸ 대야에 담긴 세척 마사토와 용토를 섞어둔다. ❹ 밀폐형 테라리움은 양치류의 식물을 선택하는 것이 유리하지만, 오픈형 테라리움은 대게 수분공급이 적어도 되는 다육식물을 선택하여, 혼합용토로 심어준다. ❺ 하드스틱에 자신의 이름과 날짜를 쓰고, 애그스톤에는 자신의 희망을 써서, 화분 위에 올려놓고 꾸밈 재료를 활용하여 장식한다. ❻ 화장석을 이용하여 덮어주고, 마무리한다.
마음 나누기	✔ 나의 작은 지구 활용하기 – 각자 만든 테라리움을 어떻게 활용할 것인지 생각하고 이야기 나누기 ✔ 정리하기 – 주변을 정리하고, 활동한 결과물을 한자리에 모아 서로의 작품을 칭찬하고 격려하기 – 테라리움의 식물 관리요령 안내하기 자료 3 참고 영상(테라리움 관리방법)
활동의 다양성	★ 재활용품으로 투명한 음료컵을 활용하면 반밀폐형 테라리움을 만들 수 있다.
활동의 난이도	✔ 쉬운 활동 — 식물배치하기 ✔ 어려운 활동 — 스투키를 작은 플라스틱 화분에서 꺼내는 활동 투명용기에 제한된 높이까지 색모래 장식하고 혼합용토로 뿌리가 짧은 스투키를 심는 활동
평가내용	✔ 식물이 살아가는 환경, 테라리움의 뜻과 종류를 알고, 테라리움 활용과 관리 방법을 설명할 수 있다.

3 교수·학습 자료

자료 1 활동 결과물 예시

자료 2 개념 학습

테라리움(terrarium)

의미 라틴어 'terra(땅)'와 'arium(공간)'의 합성어로, 유리 용기 안에 식물과 흙으로 꾸민 작은 생태계를 의미한다. 테라리움의 원리는 자연에서 자라고 있는 식물의 생리작용과 대기의 자연순환 법칙을 이용해 일종의 작은 생태계를 만드는 것이다.

원리 테라리움의 원리는 식물의 생리작용과 대기의 자연순환 법칙을 이용해 작은 생태계를 만드는 것이다. 테라리움 안의 식물이 뿌리로 수분을 흡수해 잎의 기공을 통해 기화시켜 배출하면, 배출된 수분이 유리벽에 물방울로 맺혔다가 흙으로 떨어져 뿌리에 수분을 재공급하는 순환이 일어난다. 또한 낮에는 잎에서 탄소 동화작용에 의해 탄산가스를 흡수하고 산소를 뿜어내며, 밤에는 호흡작용으로 산소를 흡수하고 탄산가스를 배출하는 산소 순환이 일어난다. 즉, 물과 산소의 순환이 용기 안에서 이루어져 식물이 자생하므로 자주 들여다보거나 물을 자주 주지 않아도 돼 관리가 편리하다.

종류와 적합한 식물 테라리움은 밀폐형과 개방형의 두 가지로 나뉜다. 밀폐된 테라리움 안에서는 수분이 순환하므로 식물이 자생적으로 생장할 수 있다. 단 내부 습도가 높으므로 습기를 잘 견디는 식물을 골라야 한다. 개방형은 용기 일부분이 열려 낮은 습도를 유지하므로 일반적으로 기르는 실내 식물들을 기르기에 적합하다. 개방형도 수분이 일부 순환하지만 비교적 물을 자주 줘야 한다. 테라리움은 유리 용기 안에서 식물이 자라므로 너무 빨리 자라지 않는 종이 좋으며, 높은 습도와 일정한 온도, 낮은 광도에서도 생존하는 식물을 고르는 것이 좋다. 적합한 식물로는 싱고니움, 스파티필럼, 선인장, 피토니아, 호야, 푸미라, 고무나무, 테이블야자, 페페로미아 등이 있다.

직접 만드는 방법 테라리움을 직접 만들기 위해서는 먼저 깨끗하고 단단한 유리 용기를 선택하고, 용기 안에 굵은 입자의 숯, 또는 맥반석을 깐 뒤 배양토로 덮어 배수층을 만들어 준다. 유리 용기 벽면은 색모래로 장식하고, 식물을 심어 넣고 배양토를 다져주면서 고정시킨다. 배양토에 심은 뒤에는 자갈이나 색모래, 이끼, 마사토 등으로 꾸며준다. 완성 후에는 물을 분무해 마무리한다.

역사 일반적으로 테라리움의 시작은 영국의 외과의사인 워드 Nathaniel Bagshow Ward로 이야기한다. 그는 1829년 나방의 일종인 sphinx moth의 부화와 생장과정을 관찰하기 위하여 유리병 속에 번데기를 넣고 흙을 덮은 다음 덮개로 봉해 버렸는데, 정원에 재배를 시도했다가 런던의 대기 오염 때문에 실패한 양치식물의 포자가 그 속에서 우연히 발아하는 것을 발견하였다. 이 발아된 양치식물이 4년 동안이나 자라던 사실에 착안하여 입구가 큰 유리병에 식물을 심고 그 위에 덮개를 씌워서 기르기 시작하였는데 이것이 테라리움의 시작이었다. 특히 어떤 식물은 15년간이나 물을 주지 않아도 밀폐된 용기 속에서 자랄 수 있는 것을 알게 되어 1942년에 "유리상자 속의 식물생장에 관하여"라는 연구를 발표함으로써 테라리움 최초의 문헌이 되었다.

출처 네이버 지식백과_ https://terms.naver.com/entry.naver?docId=5950785&cid=43667&categoryId=43667
위키백과_ https://ko.wikipedia.org/wiki/%ED%85%8C%EB%9D%BC%EB%A6%AC%EC%9B%80

자료 3 참고 영상

테라리움 만들기

출처 색모래 다육테라리움 만들기_ https://www.youtube.com/watch?v=eFVl1174GWk[13분32초]

테라리움 관리 방법

출처 테라리움 관리방법을 알아보자!_ https://www.youtube.com/watch?v=nGXoD1lvqFw[7분9초]

4 학생용 활동 자료

자료 5 테라리움 만들기

투명 용기 속 작은 지구	테라리움 만들기	(　　)학년 (　　)반 (　　)번 이름 (　　　　　　　)

❤ 식물이 살아가는 데에 어떤 조건이 필요할지 생각해 써 봅시다.

❤ 테라리움의 뜻과 원리를 알아봅시다.

뜻	
원리	

❤ 내가 만들고 싶은 테라리움을 생각하여 스케치하고 이름을 지어봅시다.

테라리움의 이름은 (　　　　　　)이다.
왜냐하면 ______________________
______________ 때문이다.

원예치료교육 9

내 친구를 표현한 토피어리

1 교수·학습 활동의 개관

학년(군)	초 5~6학년	주제	토피어리 만들기
관련 성취기준	6미02-01 표현 주제를 나타낼 수 있는 다양한 소재를 탐색할 수 있다.		
차시 분량	2차시	관련 교과목	미술 체험
관련 인성 덕목	존중, 책임	핵심역량	심미적 감성 역량, 공동체 역량
학습 목표	내 친구를 닮은 토피어리를 만들며 집중력과 표현력을 향상시킬 수 있다.		
준비물	수태, 관엽식물, 낚시줄, 비닐팩, 바늘, 물대야, 꾸밈 재료(눈 모형, 와이어, 리본 등), 화분받침 등		
지도의 중점 및 유의점	• 화분이 없이 식물을 키울 수 있는 방법에 알게 되며, 활동에 대한 호기심과 기대감을 유발시킨다. • 꾸밈 재료를 이용하여 친구를 생각하며 만든 토피어리로 표현력을 높인다. • 친구를 생각하며 만든 토피어리를 돌보며 식물과 교감하고 돌봄에 대한 책임감을 향상시킨다. • 낚싯줄로 이끼를 감싸며 손을 다치지 않도록 주의한다.		

2 교수·학습 활동

단계	교수·학습 활동 내용
마음 열기	✔ 동기유발 자료 5 학생용 활동 자료 – 토피어리의 의미와 유래, 장점에 대해 알아보기 – 토피어리로 표현할 친구의 모습 상상하기 ✔ 공부할 문제 안내
마음 가꾸기	✔ 토피어리 만들기 자료 2 개념 학습 자료 1 활동 결과물 예시 자료 3 참고 영상(곰돌이 토피어리 만들기) – 재료를 살펴보고, 내가 표현할 친구를 생각하며 토피어리 만들기 ❶ 수태를 물대야에 담고 물이 충분히 머금을 때까지 기다린다. ❷ 물에 불린 수태의 물기를 꼭 짜서 대야에 담는다. ❸ 비닐팩 위에 수태를 평평하게 깔고, 물을 좋아하는 식물을 포트에서 꺼내 가운데 놓는다. ❹ 비닐팩 각각의 끝부분을 한 번에 모아 잡고, 식물의 흙과 수태가 잘 붙을 수 있도록 손으로 감싸서 꾹꾹 눌러준다. ❺ 비닐팩을 벗겨내고, 낚싯줄을 이용하여 이끼가 떨어지지 않게 감아준다. ❻ 둥근 얼굴 모양이 만들어지면, 눈, 코 등을 붙여주고, 친구를 닮은 토피어리로 완성한다.
마음 나누기	✔ 토피어리 소개하기 – 내 친구를 표현한 토피어리에 애칭을 지어주고, 친구들에게 소개하기 – 활동한 결과물을 한자리에 모아 서로의 작품을 칭찬하고 격려하기 ✔ 정리하기 – 주변을 정리하고 토피어리 관리 방법 안내하기
활동의 다양성	☆ 토피어리를 만들 때 낚싯줄 대신, 마끈, 망사 포장지 등을 활용하면 좀 더 손쉽게 완성할 수 있다.
활동의 난이도	✔ 쉬운 활동 — 이끼를 물에 적시기 ✔ 어려운 활동 — 이끼를 감싸고, 낚싯줄로 감기
평가내용	✔ 내 친구를 닮은 토피어리를 완성하고, 친구들에게 자신이 만든 토피어리를 소개할 수 있다.

3 교수·학습 자료

자료 1 활동 결과물 예시

자료 2 개념 학습

토피어리(topiary)

로마 시대 정원을 관리하던 한 정원사가 자신이 만든 정원의 나무에 '가다듬는다'는 뜻의 라틴어 이니셜 토피아(topia)를 새겨 넣은 데서 유래하였다. 자연 그대로의 식물을 인공적으로 다듬어 여러 가지 동물 모형으로 보기 좋게 만든 작품 또는 인공적으로 다듬거나 자르는 기술(예술)을 일컫는다.

17~18세기에 유럽에서 유행하였는데, 20세기에 들어서면서 토피어리는 실외뿐 아니라 실내에서도 장식품으로 널리 이용되었다. 한국에서도 2000년 이후 모스(moss) 토피어리라고 하여 물이끼를 이용해 만든 작은 식물장식품이 유행하였다. 모스 토피어리는 녹이 슬지 않는 철사로 각종 동물의 모형을 만든 뒤, 물이끼로 표면을 덮고 식물을 심어 만든 장식품이다.

토피어리는 실내 습도 조절뿐만 아니라 식재된 식물에서 내뿜는 음이온은 공기정화 기능을 더해준다. 동물 모양으로 만든 식물을 키우면서 애완동물을 돌보는 학습효과도 있다.

통풍이 잘되고, 햇볕이 잘 드는 곳에 두되, 직사광선은 피하는 것이 좋다. 물은 잎의 끝순이 약간 시들었을 때 뿌리가 흠뻑 젖도록 준다. 토피어리의 겉 부분이 마르고 무게가 가벼워졌을 때에는 전체적으로 물을 뿌리거나, 물대야에 잠시 담군다. 시든 잎은 잘라주고, 2개월에 한 번 정도 액체 비료나 가루 비료를 물에 섞어 물이끼에 뿌려주면 더 잘 자란다.

수태(물이끼)

물이끼과의 연한 녹색 선태식물. 물기가 있는 지상이나 늪 주변에 크게 뭉쳐서 군생한다. 줄기는 보통 10~20cm이고 줄기 끝에 특히 많은 가지가 모여 난다. 가지는 3~5개가 뭉쳐 있는데 그중 2~3개가 크며 1~2개는 작다. 줄기에 달린 잎은 혀 모양이며 길이 1.3mm 정도이다.

가지에 달린 잎은 비늘 모양으로 길이 1.5~2mm이며 잎가장자리는 안쪽으로 말린다. 잎세포에는 엽록세포와 투명세포가 있으며 엽록세포는 잎의 뒷면에 분포되어 있다. 암수딴그루이다.

엽록체가 없는 위의 속이 비어 있어서 물을 잘 흡수하므로 물이끼란 이름이 생겼는데 이런 특성을 이용하여 식물의 뿌리를 싸는 데 활용한다. 한국·일본 등지에 분포한다.

출처 네이버 지식백과_
https://terms.naver.com/entry.naver?docId=1225668&cid=40942&categoryId=31876
https://terms.naver.com/entry.naver?docId=1095876&cid=40942&categoryId=32675

자료 3 참고 영상

곰돌이
토피어리 만들기

출처 와우하우_ https://www.youtube.com/watch?v=DpdOdbIgGew [9분10초]

자료 4 참고자료_ 남해 토피아랜드 테마정원

- 위치: 경상남도 남해군 창선면 서부로 270-106
- 면적: 약 7,000평
- 이용요금: 어른5,000원/청소년4,000원/어린이 3,000원
- 홈페이지: http://www.instagram.com/nhtopialand

❤ 나뭇가지를 다듬고 갖가지 모양을 만들어 우리나라 최초로 토피어리 테마정원

전국 최초이자 유일한 토피어리 정원인 '토피아랜드'는 나무에 여러 형상을 자유자재로 표현한, 나무의 존재 자체로 힐링 모먼트를 안겨주는 완전한 초록의 숲이다.

창선면 서부로 270-106번지에 위치한 이 정원은 여행객들에게는 '신흥 해바리 마을' 근처 대방산 자락의 정원으로 더 잘 알려져 있다. 창선 해바리마을 출신의 한 세무직 공무원이 온 재산과 열정을 쏟아 빚어낸 인생 역작이다.

나무를 가지 쳐내고 가다듬어 내는 모든 활동을 가리키는 '토피어리'의 매력에 흠뻑 빠져 퇴직 후 몇 년을 우리가 보고 상상할 수 있는 거의 모든 것을 총 6,000여 평의 공간 곳곳에 땀과 정성으로 일궈냈다.

경남 제1호 민간정원인 섬이정원에 이어 여기 토피아랜드는 경남 제3호 민간정원으로 등록됐다. 토피아랜드(topia land)의 토피아란 라틴어로 '풍경화'라는 뜻과 '원예, 정원 가꾸기'를 뜻하는 말이기도 하다. 이곳에 들어서는 순간 잘 가꿔진 정원을 보자 마음속에 기나긴 풍경화 하나가 파노라마처럼 펼쳐지는 것만 같다. 그걸 알기에 구불구불 좁은 길임에도 불구하고 많은 이들이 이곳을 찾고, 찾고 또 찾는 것이리라.

2017년 정식 개관한 이곳은 장대한 편백나무 숲을 벗 삼아 꽝꽝나무, 주목나무 등 나무마다 둘리가 되었다가 뽀로로가 되기도 하는 마술을 보여주는 재미난 토피어리를 보는 즐거움도 크지만 지그재그로 이어지는 토피어리 작품 감상 후 마주하게 되는 시원시원하게 길쭉길쭉 뻗은 500여 그루의 '편백나무 둘레길'이 주는 휴식도 크다. 평균 수령이 50년은 더 된 이곳 편백숲에 마련해둔 '빈백'과 '해먹'에 기대 바라보는 드넓은 바다와 함께 정겨운 마을풍경은 그동안 쫓겨온 일상을 보상받는 듯하다. 편백나무 숲 뒤쪽으로는 맨발걷기체험이 가능한 흙길도 있다. 틀에 박힌 것들은 하나둘 내려놓고 자연 그대로를 온전히 만나게 하는 흙길과 공기의 감촉으로 한결 가벼워진다.

출처 남해군여행_ https://www.namhae.go.kr/tour/00007/00106/00112.web

4 학생용 활동 자료

자료 5 토피어리 만들기

내 친구를 표현한 토피어리	토피어리 만들기	(　　)학년 (　　)반 (　　)번 이름 (　　　　　　)

❤ 토피어리, 너는 누구냐?

토피어리란?

유래

〈토피어리〉

장점

❤ 내가 표현할 친구의 특징을 생각하며 토피어리로 어떻게 표현할지 스케치해 봅시다.

친구 이름	
애칭	
특징	

원예치료교육 ⑩

풍경 콜라주

1 교수·학습 활동의 개관

학년(군)	초 5~6학년	주제	풍경 콜라주 만들기
관련 성취기준	6미02-05 다양한 표현 방법의 특징과 과정을 탐색하여 활용할 수 있다.		
차시 분량	2차시	관련 교과목	미술 표현 창의적 체험활동 자율활동
관련 인성 덕목	자기 존중, 성실	핵심역량	자기관리 역량, 창의적 사고 역량
학습 목표	한지와 자연물을 이용하여 자신만의 풍경 콜라주를 완성하며 스트레스를 해소하고, 만족감을 향상시킬 수 있다.		
준비물	캔버스, 한지, 물풀, 실크플라워, 건조화, 조개껍질, 네임펜, 글루건 등		
지도의 중점 및 유의점	• 재료의 탐색으로 활동에 대한 호기심과 기대감을 향상시킨다. • 나의 꿈에 대한 희망, 가족에 대한 사랑 등 내가 표현한 활동에 의미를 부여하게 한다. • 긍정적 정서 지원을 통해 만족감과 자존감을 향상시킨다. • 글루건 사용 시 화상에 주의한다.		

2 교수·학습 활동

단계	교수·학습 활동 내용
마음 열기	✔ 동기유발 자료 5 학생용 활동 자료 자료 2 개념 학습 – 콜라주의 의미와 특징 알아보기 – 콜라주 표현 방법 알아보기 ✔ 공부할 문제 안내
마음 가꾸기	✔ 풍경 콜라주 만들기 자료 5 학생용 활동 자료 자료 1 활동 결과물 예시 자료 3 참고 영상(콜라주 기법으로 행복한 기억 표현하기) – 준비된 재료를 탐색하며 나의 꿈, 하고 싶은 일, 가족과 연관된 것 등 표현하고 싶은 것 생각하기 ❶ 내가 생각하는 콜라주의 주제에 맞게 한지를 손으로 찢어 여러 조각으로 나누고, 물풀로 캔버스에 붙여 전체적인 배경을 표현한다. ❷ 기본 배경이 완성되면 준비된 재료들을 캔버스 위에 배치한다. ❸ 본인이 원하는 모습으로 표현되었을 때, 목공풀 또는 글루건을 이용해서 재료가 고정되도록 붙인다. ❹ 자신이 표현한 콜라주 캔버스와 연관된 긍정의 메시지를 네임펜으로 쓴다.
마음 나누기	✔ 나의 콜라주 소개하기 – 자신이 만든 캔버스 액자와 긍정의 메시지를 소개하며 긍정적 피드백 나누기 ✔ 정리하기 – 주변을 정리하고, 활동한 결과물을 한자리에 모아 서로의 작품을 칭찬하고 격려하기
활동의 다양성	☆ 참여하는 학생들의 상황에 따라 다양한 주제와 재료로 활동을 진행할 수 있다. ☆ 실크플라워, 곡물류, 가공화, 꾸밈 재료 외에도 학교 주변의 자연물을 탐색하고, 채집을 통해 재료를 구할 수 있다.
활동의 난이도	✔ 쉬운 활동 – 한지를 손으로 찢어 붙이기 / 재료를 캔버스 위에 배치하기 ✔ 어려운 활동 – 캔버스에 배치한 재료를 목공풀 또는 글루건으로 붙이기
평가내용	✔ 한지와 자연물을 이용하여 자신만의 풍경 콜라주를 완성하고, 친구들에게 자신이 만든 콜라주와 긍정의 메시지를 소개할 수 있다.

3 교수·학습 자료

자료 1 활동 결과물 예시

자료 2 개념 학습

콜라주(collage)

풀로 붙인다는 뜻으로 1912~13년경 브라크와 피카소 등의 입체파들이 유화의 한 부분에 신문지나 벽지·악보 등 인쇄물을 풀로 붙였는데 이것을 '파피에 콜레'라 부르게 된 것이다. 이 수법은 화면의 구도·채색효과·구체감을 강조하기 위한 수단이었고 제1차 세계대전 후의 다다이즘시대에는 파피에 콜레를 확대하여 실밥·머리칼 ·깡통 등 캔버스와는 전혀 이질적인 재료나 잡지의 삽화·기사를 오려 붙여 보는 사람에게 이미지의 연쇄반응을 일으키게 하는, 부조리와 냉소적인 충동을 겨냥하였다. 여기서 사회풍자적 포토몽타주가 생겨난 것이다. M.에른스트의 작품도 여기에 속한다. 1950년대 초 로렌스 앨러웨이에 의해 명명된 팝 아트도 역시 테크놀러지라든가 매스미디어에 의해 대중의 시각 안에 있는 조형적 요소를 몽타지해서 작품에 포함시켰으며 R.라우션버그의 작품도 원천은 콜라주 수법에 의한 것이다.

출처
네이버 지식백과_ https://terms.naver.com/entry.naver?docId=1150471&cid=40942&categoryId=33050
뉴시스_ https://newsis.com/view/?id=NISX20190522_0000658512&cID=10701&pID=10700

〈로버트 라우센버그 Robert Rauschenberg, 반 블렉 시리즈 VI Van Vleck Series VI, 1978, 나무 판넬에 콜라주한 천 위에 용액 전사, 아크릴릭 물감, 109.2x94cm〉

자료 3 참고 영상

콜라주 기법으로 행복한 기억 표현하기

출처 지니_ https://www.youtube.com/watch?v=LeKLz86bMhU [5분5초]

대한항공 에르미타주 콜라주

출처 오마이뉴스_ http://cdnf.ohmynews.com/TV/98/000060198.mp4 [2분59초]

4 학생용 활동 자료

자료 5 풍경 콜라주

풍경 콜라주	풍경 콜라주 만들기	(　　)학년 (　　)반 (　　)번 이름 (　　　　　　　　)

❤ 스마트기기를 활용하여 다양한 콜라주 작품을 살펴보고, 콜라주의 뜻과 특징을 조사하여 적어봅시다.

〈소녀시대 태연_콜라주〉

출처 헤럴드 경제_ http://news.heraldcorp.com/culture/view.php?ud=201707051013501&md=_BL

❤ 콜라주로 표현하고 싶은 것을 생각하고 간단히 스케치해 봅시다.

필요한 재료

원예치료교육 ⑪

다르지만 괜찮아

1 교수·학습 활동의 개관

학년(군)	초 5~6학년	주제	서로 다른 식물 친구 심기
관련 성취기준	6과05-02 비생물 환경 요인이 생물에 미치는 영향을 이해하여 환경과 생물 사이의 관계를 설명할 수 있다.		
차시 분량	2차시	관련 교과목	과학 2. 생물과 환경
관련 인성 덕목	존중, 배려	핵심역량	지식정보 처리 역량, 창의적 사고 역량
학습 목표	생명력이 강한 관엽식물과 공기식물의 특징을 통해 식물의 다양성을 이해하고, 서로 다른 생존방식을 존중하며 화분에 심을 수 있다.		
준비물	화분, 깔망, 대립/소립 마사토, 용토, 화장석, 식물(관엽식물, 공기식물), 숟가락, 와이어, 팻말, 네임펜 등		
지도의 중점 및 유의점	• 다양한 방법으로 살아가는 식물의 특성에 대해 알고, 서로 다르지만 한 화분에서 어떻게 살아갈지를 고민하며 문제해결능력을 향상시킬 수 있도록 지도한다. • 식물을 조심스럽게 다루며 생명 존중과 돌봄을 경험하게 한다. • 흙을 혼합할 때 흘리지 않도록 주의한다. • 토기 화분을 사용할 경우, 깨지지 않도록 주의한다.		

2 교수·학습 활동

단계	교수·학습 활동 내용
마음 열기	✔ 동기유발 자료 5 학생용 활동 자료 자료 2 개념 학습 – 식물(관엽식물, 틸란드시아 이오난사)에 대해 탐색하며, 공기정화식물이 우리에게 필요한 이유에 대해 생각하고 이야기 나누기 – 공기정화식물을 잘 키울 수 있는 방법 알아보기 ✔ 공부할 문제 안내
마음 가꾸기	✔ 서로 다른 식물심기 자료 5 학생용 활동 자료 자료 1 활동 결과물 예시 자료 3 참고 영상(틸란드시아 키우기) – 일반 분화식물과 공기식물의 차이점에 대해 알고, 관엽식물과 공기식물을 살펴보며 화분에 어떻게 배치하여 심을지 생각해 보기 ❶ 화분에 깔망을 넣고, 대립마사토로 깔망이 보이지 않도록 덮어준다. ❷ 식물뿌리에 공기의 흐름이 잘 되도록, 소립마사토와 용토를 혼합하여 섞은 뒤 대립마사토가 보이지 않도록 덮어준다. ❸ 식물의 비닐포트를 두 손으로 감싸서 마사지하듯 주물러준 뒤 식물을 꺼내서 화분에 넣고, 혼합용토로 심어준다. ❹ 흙에 닿으면 안 되는 공기식물을 어떻게 화분에 함께 배치할지에 대해 생각해 본다. ❺ 와이어를 이용하여 공기식물(틸란드시아 이오난사)를 고정해줄 구조물을 만들어 화분에 꽂아준다. ❻ 화장석을 이용하여 혼합 용토가 보이지 않도록 덮어주고 공기식물을 와이어 위에 얹는다.
마음 나누기	✔ 심은 식물 꾸미기 – 서로 살아가는 방법이 다른 두 식물이지만 한 화분에서 잘 살 수 있도록 긍정의 메시지를 쓰고 팻말을 꽂기 ✔ 정리하기 자료 5 학생용 활동 자료 – 주변을 정리하고 식물을 관리요령 안내하기 – 활동 소감 나누기
활동의 다양성	★ 관엽식물과 공기식물을 한 화분에 배치하기 위한 재료로 와이어를 대체할 소재(미니토분 외)에 대해 고민하며 문제해결 능력을 기른다.
활동의 난이도	✔ 쉬운 활동 — 식물심기 및 화분 장식하기 ✔ 어려운 활동 — 와이어로 공기식물(틸란드시아 이오난사)를 고정시킨다.
평가내용	✔ 관엽식물과 공기식물의 특징과 식물의 다양성을 설명하고, 서로 다른 생존방식을 지닌 두 가지 식물을 화분에 심고 긍정의 메시지를 작성할 수 있다.

3 교수·학습 자료

자료 1 활동 결과물 예시

자료 2 개념 학습

틸란드시아(Tillandsia)

외떡잎식물 파인애플목 파인애플과의 여러해살이풀.

속명 Tillandsia에서 취한 이름이며, 영문 명칭은 핑크퀼(pink quill)이다. 관상식물이고, 여러해살이풀이다. 높이는 20~30㎝이다. 8℃ 이상에서 월동이 가능하며, 밝은 반그늘을 좋아한다. 습도는 약간 다습하게 관리해 주는 것이 좋다.

잎은 선형이고 뿌리 쪽에서 여러 개가 나와 방석처럼 퍼져 자란다. 다소 두껍고 가장자리가 안쪽으로 말린다. 길이는 20~30㎝, 폭은 0.7~1.5㎝이다.

꽃은 연중 피지만 국내에서는 대개 겨울과 봄 사이에 피며, 잎의 밑부분에서 올라온 납작한 주걱 모양의 꽃차례에 보라색 또는 분홍색으로 핀다. 꽃차례는 포가 겹쳐진 것으로 새의 커다란 깃털처럼 생겼으며, 포 사이에서 꽃이 나온다. 꽃 하나는 오래가지 않지만 여러 개의 꽃이 계속해서 오래도록 피고 지며, 대개 1개월 이상 감상할 수 있고 많게는 3개월 정도까지 감상할 수 있다. 꽃잎은 3개이고, 꽃의 지름은 5㎝ 내외이다.

열매는 보기 어렵지만, 성체의 뿌리에서 자구(子球)라고 불리는 새끼가 달린다. 그것이 7~10㎝ 정도로 자라나면 모체에서 분리했다가 뿌리가 나올 때 심어 번식시킨다.

관엽식물(ornamental foliage plant, 觀葉植物)

의미 식물의 잎을 관상의 대상으로 하는 식물을 통틀어 이르는 용어로서 잎과 동시에 모양 전체나 꽃을 관상하는 경우도 많다. 근래에는 아열대 및 열대 원산의 아름다운 잎, 잎자루, 줄기 등을 지닌 이국적인 상록식물을 말한다.

원래는 색비름이나 꽃양배추와 같은 한해살이풀, 털머위·만년청 등의 숙근초(宿根草), 식나무·팔손이 등의 정원수, 용설란 등의 다육식물 등 많은 종류가 포함되었지만, 근래에는 아열대 및 열대 원산의 아름다운 잎·잎자루·줄기 등을 가진 이국적인 상록식물을 말한다.

특징 사계절 내내 식물의 푸르름을 즐길 수 있고, 공기를 쾌적하게 하는데 도움을 준다. 내습성(耐濕性)이 강하여 실내에서 생육이 가능하고, 영양번식이 쉽고 재배상 치명적인 병해가 적다.

반면 단점으로는, 내한성(耐寒性)이 약하고, 잎 빛깔과 모양·꽃·열매 등의 계절적 변화, 생리적 변화가 적으며, 생존에 대한 내건성은 약하지 않지만 공중습도가 저하되면 관상가치도 저하되는 종류가 많다는 것을 들 수 있다.

출처 네이버 지식백과_
https://terms.naver.com/entry.naver?docId=4396106&cid=40942&categoryId=32741
https://terms.naver.com/entry.naver?docId=1064582&cid=40942&categoryId=32310

자료 3 참고 영상

틸란드시아 키우기

출처 현살림vlog_ https://www.youtube.com/watch?v=3Ek9bP3Zr_o [5분23초]

틸란드시아 효능

출처 YTN news_ https://www.youtube.com/watch?v=VyM9Y5Eafxk [1분53초]

4 학생용 활동 자료

자료 5 다르지만 괜찮아

다르지만 괜찮아	서로 다른 식물 친구 심기	( )학년 ( )반 ( )번 이름 ( )

❤ 편견과 차별의 의미를 알아봅시다.

편견	• 공정하지 못하고 한쪽으로 치우친 의견이나 생각
차별	• 어떤 기준을 두어 구별하고 다르게 대우하는 것

❤ 주변에서 볼 수 있는 편견과 차별의 모습을 찾아봅시다.

- 피부색, 언어, 종료, 출신 지역, 외모 등에 대한 차별
- 장애, 남녀, 나이 등에 대한 차별

❤ 편견과 차별을 없애기 위해 어떤 노력을 기울여야 할지 생각해 봅시다.

- 나와 다른 문화를 이해하고 상대방의 입장에서 생각한다.
- 다른 사람이나 문화를 존중하고 배려하는 생각을 가진다.
- 한쪽으로 치우치지 않는 생각을 하도록 노력한다.

❤ 오늘 활동을 한 소감을 적고, 친구들과 이야기를 나누어 봅시다.

원예치료교육 ⑫

나를 응원하는 모스 희망나무

1 교수·학습 활동의 개관

학년(군)	초 5~6학년	주제	모스 희망나무 만들기
관련 성취기준	6도04-01 긍정적인 태도의 의미와 중요성을 알고 어려움을 극복하기 위한 긍정적 삶의 태도를 습관화한다.		
차시 분량	2차시	관련 교과목	도덕 3. 긍정적인 생활
관련 인성 덕목	존중, 소통	핵심역량	자기관리 역량, 의사소통 역량
학습 목표	스칸디아모스와 보존화로 나를 응원하는 메시지에 대한 희망나무를 만들며, 긍정적 정서 지원을 통해 자존감 향상시킬 수 있다.		
준비물	캔버스, 스칸디아모스, 보존화, 자작나무껍질, 목공풀, 글루건, 꾸밈 재료(울타리 모형, 버섯 모형 외), 칼라네임펜, 감정형용사 등		
지도의 중점 및 유의점	• 자신의 감정표현을 통해 스트레스 해소 및 라포를 형성하고, 프로그램에 참여 동기를 강화시킨다. • 응원의 메시지를 통해 긍정적 미래에 대한 기대감을 갖게 하며 자신감을 향상시킨다. • 서로의 장점을 인정하고, 긍정적 지지를 통해 서로를 존중하며 자존감 향상시킨다. • 자작나무껍질, 울타리 고정용으로 글루건 사용시 화상에 주의한다.		

2 교수·학습 활동

단계	교수·학습 활동 내용
마음 열기	✔ 동기유발 **자료 5 학생용 활동 자료** – 긍정과 부정의 감정을 살펴보며 자신의 현재 감정 파악하기 – 친구들의 장점을 한 가지씩 이야기하며, 친구가 생각하는 나의 장점 알기 ✔ 공부할 문제 안내
마음 가꾸기	✔ 모스 희망나무 만들기 **자료 2 개념 학습 자료 1 활동 결과물 예시** – 소재(스칸디아모스와 프리저브드)를 직접 만져보고 탐색하는 동안 재료의 장점(모스:천연습기제거, 공기정화/보존화:변하지 않고 오래 볼 수 있음)에 대해 알아보기 ① 친구들이 말하는 나의 장점과 내가 생각하는 나의 장점을 격려하고 응원하는 메시지를 생각하고, 네임펜으로 캔버스에 쓰기 ② 자작나무 껍질을 원하는 크기로 잘라 나무 기둥을 만들고, 스칸디아모스를 이용하여 나를 응원하는 희망나무를 만든다. ③ 꾸밈 재료를 이용하여 희망나무와 응원의 메시지를 장식한다.
마음 나누기	✔ 모스 희망나무 소개하기 – 자신에게 하고 싶은 희망 메시지와 희망나무에 대해 소개하고, 활동을 통한 자신의 감정 변화에 대해 이야기하기 ✔ 정리하기 – 주변을 정리하고, 활동한 결과물을 한 자리에 모아 서로의 작품을 칭찬하고 격려하기 – 식물 관리요령 안내하기
활동의 다양성	☆ 우드프레임을 활용하여 뒷면에 응원의 메시지를 쓰고, 모스희망나무를 만들 수 있다.
활동의 난이도	✔ 쉬운 활동 ─ 재료를 탐색하고, 불순물 제거하기 / 감정 형용사를 활용하여 자신의 감정 표현하기 ✔ 어려운 활동 ─ 스칸디아모스로 나무를 표현하기
평가내용	✔ 스칸디아모스와 보존화로 나를 응원하는 메시지에 대한 희망나무를 만들고, 자신에게 하고 싶은 희망 메시지와 희망나무를 소개할 수 있다.

3 교수·학습 자료

자료 1 활동 결과물 예시

자료 2 개념 학습

스칸디아모스(scandiamoss)

스칸디아모스 또는 레인디어모스라고 불리는 이 천연이끼는 스웨덴 노르웨이 덴마크 아이슬란드 등 고산지대에서만 소량으로 서식한다. 순록이 유일하게 먹는 먹이라고 해서 한국에서는 순록이끼로 알려져 있다. 최근에는 미세먼지 제거 효과가 뛰어나 공기정화식물로 각광받고 있다. 천연이끼 몸집의 10배에 해당하는 미세먼지와 유해물질을 제거하기 때문이다. 천연이끼는 뿌리 없이 오로지 공기 중 수분과 영양분만을 섭취하면서 성장하기 때문에 따로 관리할 필요가 없다는 것도 장점이다. 오히려 물을 주면 굳어서 변색되거나 빨리 죽을 수 있어 관리를 하지 않는 것이 가장 오래 보존할 수 있는 방법이다. 공기 정화뿐 아니라 천연 가습·제습, 소음 흡수, 탈취 효과도 뛰어나다.

프리저브드 플라워(preserved flower)

생화를 특수 보존 처리 용액으로 가공하여 1~5년간 생기 있는 모습이 유지되는 가공화이다. 여러 종류의 보존 용액을 이용하여 탈수·탈색, 착색·보존, 건조 과정을 거쳐 완성한다. 보존화 또는 천일화라고도 부르는 프리저브드 플라워는 생화의 모습을 길게 즐길 수 있고 촉감이 부드러우며 생화에 알러지가 있는 사람도 이용할 수 있는 것이 장점이다.

적합한 품종의, 싱싱하고 상처가 없는 생화를 사용해야 좋은 결과물을 얻을 수 있으며, 만들어진 프리저브드 플라워는 직사광선과 고온, 습기를 피해야 오래 보관할 수 있다. 또한 착색된 염료가 의류 등에 이염될 수 있으니 유의해야 한다.

출처
매일경제 https://www.mk.co.kr/news/business/view/2018/11/709974/
한화건설 공식블로그_ http://blog.hwenc.co.kr/335
네이버 지식백과_ https://terms.naver.com/entry.naver?docId=3596388&cid=43667&categoryId=43667

4 학생용 활동 자료

자료 5 나를 응원하는 모스 희망나무

나를 응원하는 모스 희망나무	모스 희망나무 만들기	( )학년 ( )반 ( )번 이름 ( )

감정 단어를 보며 최근에 느낀 감정에 동그라미를 치고 친구들과 이야기를 나누어 봅시다.

ㄱ	가득찬, 가벼운, 갈망하는, 감격스러운, 감동적인, 감미로운, 감사한, 감탄스러운, 개운한, 건강한, 고마운, 고무적인, 고요한, 괜찮은, 그리운, 기대에 부푼, 기대하는, 기력이 넘치는, 기쁜, 기운이 나는, 긴장이 풀리는, 끌리는, 끝내주는	가슴이 미어지는, 간담이 서늘해지는, 갑갑한, 거북한, 까마득한, 꿀꿀한, 끓어오르는, 걱정되는, 겁나는, 격노한, 겸연쩍은, 고단한, 고독한, 곤혹스러운, 공허한, 괴로운, 구슬픈, 귀찮은, 그리운, 근심하는, 긴장한, 김빠지는
ㄴ	낙천적인, 날아갈 듯한, 놀라운, 누그러지는, 느긋한	낙담한, 난처한, 냉담한, 놀란, 눈물겨운
ㄷ	다정한, 다행스러운, 담담한, 당당한, 두근거리는 든든한, 들뜬, 따뜻한, 따사로운	답답한, 당혹스러운, 두려운, 뒤숭숭한, 따분한, 떨떠름한, 떨리는
ㅁ	만족스런, 매혹된, 멋진, 뭉클한	마음이 아픈, 막막한, 맥 빠진, 멋쩍은, 맥 풀린, 멍한, 목이 메는, 무감각한, 무기력한, 무력한, 무료한, 무서운, 무안한, 민망한
ㅂ	반가운, 밝은, 벅찬, 보람찬, 부드러운, 뿌듯한	밥맛 떨어지는, 부끄러운, 분개한, 분한, 불안한, 불편한, 비참한
ㅅ	사랑스러운, 사랑하는, 산뜻한, 살가운, 살맛나는, 살아있는, 상냥한, 상쾌한, 상큼한, 새로운, 생기가 도는, 생생한, 설레는, 소망하는, 순수한, 시원한, 신나는, 신 바람난, 쌈박한	서글픈, 서러운, 서먹한, 섬뜩한, 서운한, 성가신, 심심한, 속상한, 쑥스러운, 숨막히는, 신경 쓰이는, 슬픈, 쓰라린, 쓸쓸한, 섭섭한
ㅇ	엄청난, 안심이 되는, 여유로운, 열렬한, 열망하는, 온화한, 용기나는, 원기가 왕성한, 유쾌한, 의기양양한	안절부절못한, 안타까운, 암담한, 야속한, 애끓는, 약 오르는, 애석한, 어색한, 염려되는, 억울한, 언짢은, 오싹한, 외로운, 우울한, 울적한, 울화가 치미는
ㅈ	자랑스러운, 자신만만한, 자신 있는, 자유로운, 잠잠해진, 재미있는, 젊은, 정겨운, 정다운, 정열적인, 정을 느끼는, 좋은, 즐거운, 진정되는, 짜릿한	적적한, 절망스러운, 정떨어지는, 조바심 나는, 좌절한, 주눅 든, 지겨운, 지긋지긋한, 지루한, 진땀나는, 질린, 찝찝한, 지친
ㅊ	충만한, 차분한, 친근한, 친밀한, 친숙한	참담한, 창피한, 처연한, 처참한, 초조한, 치밀어 오르는, 침울한
ㅋ	쾌적한, 쾌활한	
ㅌ	태연한, 통쾌한	
ㅍ	팔팔한, 패기만만한, 편안한, 평온한, 평화로운, 포근한, 푸근한	피곤한, 핏대서는
ㅎ	행복함 ,호감이 가는, 홀가분한, 화사한, 확신있는, 환상적인, 환희에 찬, 활기 있는, 활기찬, 활발한, 황홀한, 후련한, 훈훈한, 흐뭇한, 흔쾌한, 흡족한, 흥미로운, 흥분된, 희망에 찬, 힘이 솟는, 힘찬	한스러운, 허전한, 허탈한, 허한, 혐오스런, 혼란스러운, 화가 나는, 힘든

내가 생각하는 나의 장점과 친구가 생각하는 나의 장점을 적어봅시다.

내가 생각하는 나의 장점	
친구가 생각하는 나의 장점	

Ⅳ

활동지

Ⅳ 활동지

웃는 내 얼굴	웃는 내 얼굴 만들기	(　　)학년 (　　)반 (　　)번 이름 (　　　　　　　　)

- 최근에 행복했었던 경험이 있나요? 언제, 그리고 왜 행복했었는지 친구들과 이야기를 나누어 봅시다.

언제 행복했었나요?

왜 행복하다고 느꼈나요?

- 꽃과 식물을 이용하여 할 수 있는 활동에는 어떤 것들이 있을까요?

- 스칸디아모스와 프리저브드(보존화)를 만져보고 느낀 점을 적어봅시다.

스칸디아모스

프리저브드(보존화)

꽃으로 만드는 반려동물	꽃으로 반려동물 만들기	(　　)학년 (　　)반 (　　)번 이름 (　　　　　　　　)

- 반려동물의 의미를 알아봅시다.

사람과 더불어 사는 동물로, 동물이 인간에게 주는 여러 혜택을 (　)(　)하며 사람의 장난감이 아닌 더불어 살아가는 존재로 보는 의미가 담겨있다.

- 내가 알고 있는 반려동물의 종류를 적어봅시다.

- 가정에서 함께 지내고 싶은 반려동물을 정해 그림으로 표현하고, 그 반려동물의 좋은 점을 적어봅시다.

반려동물 이름	
좋은점	

뿌리가 보이는 수경재배

수경재배 식물 심기

(　　)학년 (　　)반 (　　)번
이름 (　　　　　　　　　　)

♥ 식물이 살아가는 데에는 필요한 게 무엇이 있을지 생각하여 써 볼까요?

식물이 살아가기 위해서는

____

이 필요합니다.

♥ 수경재배와 화분재배의 차이점을 알아볼까요?

화분재배는 (　　)이 있고, 수경재배는 (　　)이 없어요.

♥ 우리가 오늘 심을 테이블야자의 좋은 점을 알아볼까요?

좋은점

감정표현 다육식물

다육식물 심기

( )학년 ( )반 ( )번
이름 ( )

❤ 가장 기뻤을 때, 슬펐을 때, 화났을 때가 언제인지 써보고, 친구들과 이야기를 나누어 봅시다.

가장 기뻤을 때	가장 슬펐을 때	가장 화났을 때

❤ 다육식물이 무엇인지, 그리고 어떤 좋은 점이 있는지 알아봅시다.

다육식물이란?	• 사막이나 높은 산 등 수분이 적고 건조한 날씨의 지역에서 살아남기 위해, 땅 위의 줄기나 잎에 많은 양의 수분을 저장하고 있는 식물을 말합니다. • 대표적인 다육식물에는 ( )( )( )이 있습니다.
좋은 점	• 공기 중에 있는 나쁜 물질을 없애주어 ( )( )를 깨끗하게 만들어줍니다. • ( )을 자주 주지 않아도 되고, 예쁜 모습을 오랫동안 볼 수 있습니다.

오감만족 꽃정원

나만의 꽃정원 만들기

(　　)학년 (　　)반 (　　)번
이름 (　　　　　　　　)

❤ 최근에 내가 느낀 부정적인 감정(상처받은 일, 슬펐던 일, 화났던 일 등)을 느꼈던 일을 적고, 짝과 이야기를 나누어 봅시다.

❤ 내가 경험한 것을 생각하며 '꽃정원' 하면 떠오르는 것을 자유롭게 적어봅시다.

❤ 준비물을 살펴보고, 나만의 꽃정원을 어떻게 만들지 상상하여 스케치해 보고, 꽃 정원의 이름과 그렇게 이름을 지은 이유를 적어봅시다.

꽃정원 이름	
이유	

걱정 탈출 리스

걱정인형 리스만들기

( )학년 ( )반 ( )번
이름 ( )

❤ 최근에 내가 가지고 있는 걱정거리를 한 가지 적어 짝과 이야기를 나누고, 걱정인형의 유래에 대해 알아봅시다.

요즘 나의 걱정은 ______________

____

____

걱정인형은 옛 마야 문명의 발상지인 중부 아메리카의 과테말라에서 오래전부터 전해오는 인형인데, 자기의 걱정거리를 인형에게 이야기하면 그 걱정은 인형이 가져간다고 합니다.

❤ 스칸디아모스를 만져보고, 어떤 느낌과 기분이 드는지 써 봅시다.

❤ 걱정인형 리스를 만들고 난 후에 나와 친구의 작품을 칭찬하고, 자신의 걱정을 해결하기 위해 해야 할 일을 구체적으로 적어봅시다.

내 작품 칭찬하기	친구( )의 작품 칭찬하기	나의 걱정을 해결하기 위해 할 일

깨끗한 공기를 부탁해!

공기정화식물 심기

( )학년 ( )반 ( )번
이름 ( )

❤ 공기정화식물의 뜻을 알고, 공기정화식물의 기능에 따라 분류를 해 봅시다.

뜻	

분류

구분	식물 이름
포름알데히드 제거에 좋은 식물	
암모니아 제거에 좋은 식물	
이산화탄소, 일산화탄소 제거에 좋은 식물	
화학물질 제거에 좋은 식물	
증산작용이 좋은 식물	

❤ 공기정화식물을 조사하여 그 특징을 알아보고, 자신과 닮은 공기정화식물을 찾아 어떤 점이 닮았는지 써 봅시다.

이름		공기정화식물과 자신이 닮은 점을 써 보세요.
특징		

투명 용기 속 작은 지구

테라리움 만들기

( )학년 ( )반 ( )번
이름 ( )

❤ 식물이 살아가는 데에 어떤 조건이 필요할지 생각해 써 봅시다.

❤ 테라리움의 뜻과 원리를 알아봅시다.

뜻	
원리	

❤ 내가 만들고 싶은 테라리움을 생각하여 스케치하고 이름을 지어봅시다.

테라리움의 이름은 ( )이다.
왜냐하면 ______________________
______________ 때문이다.

내 친구를 표현한 토피어리	토피어리 만들기	(　　)학년 (　　)반 (　　)번 이름 (　　　　　　　　)

♥ 토피어리, 너는 누구냐?

토피어리란?

유래

〈토피어리〉

장점

♥ 내가 표현할 친구의 특징을 생각하며 토피어리로 어떻게 표현할지 스케치해 봅시다.

친구 이름	
애칭	
특징	

풍경 콜라주

풍경 콜라주 만들기

(　　)학년 (　　)반 (　　)번
이름 (　　　　　　　　)

❤ 스마트기기를 활용하여 다양한 콜라주 작품을 살펴보고, 콜라주의 뜻과 특징을 조사하여 적어봅시다.

〈소녀시대 태연_콜라주〉

출처 헤럴드 경제_ http://news.heraldcorp.com/culture/view.php?ud=201707051013502710960_1&md=_BL

❤ 콜라주로 표현하고 싶은 것을 생각하고 간단히 스케치해 봅시다.

필요한 재료

다르지만 괜찮아

서로 다른 식물 친구 심기

(　　)학년 (　　)반 (　　)번
이름 (　　　　　　　)

- 편견과 차별의 의미를 알아봅시다.

편견	
차별	

- 주변에서 볼 수 있는 편견과 차별의 모습을 찾아봅시다.

- 편견과 차별을 없애기 위해 어떤 노력을 기울여야 할지 생각해 봅시다.

- 오늘 활동을 한 소감을 적고, 친구들과 이야기를 나누어 봅시다.

나를 응원하는 모스 희망나무

모스 희망나무 만들기

(　　)학년 (　　)반 (　　)번
이름 (　　　　　　　)

감정 단어를 보며 최근에 느낀 감정에 동그라미를 치고 친구들과 이야기를 나누어 봅시다.

ㄱ	가득찬, 가벼운, 갈망하는, 감격스러운, 감동적인, 감미로운, 감사한, 감탄스러운, 개운한, 건강한, 고마운, 고무적인, 고요한, 괜찮은, 그리운, 기대에 부푼, 기대하는, 기력이 넘치는, 기쁜, 기운이 나는, 긴장이 풀리는, 끌리는, 끝내주는	가슴이 미어지는, 간담이 서늘해지는, 갑갑한, 거북한, 까마득한, 꿀꿀한, 끓어오르는, 걱정되는, 겁나는, 격노한, 겸연쩍은, 고단한, 고독한, 곤혹스러운, 공허한, 괴로운, 구슬픈, 귀찮은, 그리운, 근심하는, 긴장한, 김빠지는
ㄴ	낙천적인, 날아갈 듯한, 놀라운, 누그러지는, 느긋한	낙담한, 난처한, 냉담한, 놀란, 눈물겨운
ㄷ	다정한, 다행스러운, 담담한, 당당한, 두근거리는 든든한, 들뜬, 따뜻한, 따사로운	답답한, 당혹스러운, 두려운, 뒤숭숭한, 따분한, 떨떠름한, 떨리는
ㅁ	만족스런, 매혹된, 멋진, 뭉클한	마음이 아픈, 막막한, 맥 빠진, 멋쩍은, 맥 풀린, 멍한, 목이 메는, 무감각한, 무기력한, 무력한, 무료한, 무서운, 무안한, 민망한
ㅂ	반가운, 밝은, 벅찬, 보람찬, 부드러운, 뿌듯한	밥맛 떨어지는, 부끄러운, 분개한, 분한, 불안한, 불편한, 비참한
ㅅ	사랑스러운, 사랑하는, 산뜻한, 살가운, 살맛나는, 살아있는, 상냥한, 상쾌한, 상큼한, 새로운, 생기가 도는, 생생한, 설레는, 소망하는, 순수한, 시원한, 신나는, 신 바람난, 쌈박한	서글픈, 서러운, 서먹한, 섬뜩한, 서운한, 성가신, 심심한, 속상한, 쑥스러운, 숨막히는, 신경 쓰이는, 슬픈, 쓰라린, 쓸쓸한, 섭섭한
ㅇ	엄청난, 안심이 되는, 여유로운, 열렬한, 열망하는, 온화한, 용기나는, 원기가 왕성한, 유쾌한, 의기양양한	안절부절못한, 안타까운, 암담한, 야속한, 애끓는, 약 오르는, 애석한, 어색한, 염려되는, 억울한, 언짢은, 오싹한, 외로운, 우울한, 울적한, 울화가 치미는
ㅈ	자랑스러운, 자신만만한, 자신 있는, 자유로운, 잠잠해진, 재미있는, 젊은, 정겨운, 정다운, 정열적인, 정을 느끼는, 좋은, 즐거운, 진정되는, 짜릿한	적적한, 절망스러운, 정떨어지는, 조바심 나는, 좌절한, 주눅 든, 지겨운, 지긋지긋한, 지루한, 진땀나는, 질린, 찝찝한, 지친
ㅊ	충만한, 차분한, 친근한, 친밀한, 친숙한	참담한, 창피한, 치연한, 치참한, 초조한, 치밀어 오르는, 침울한
ㅋ	쾌적한, 쾌활한	
ㅌ	태연한, 통쾌한	
ㅍ	팔팔한, 패기만만한, 편안한, 평온한, 평화로운, 포근한, 푸근한	피곤한, 핏대서는
ㅎ	행복함 ,호감이 가는, 홀가분한, 화사한, 확신있는, 환상적인, 환희에 찬, 활기 있는, 활기찬, 활발한, 황홀한, 후련한, 훈훈한, 흐뭇한, 흔쾌한, 흡족한, 흥미로운, 흥분된, 희망에 찬, 힘이 솟는, 힘찬	한스러운, 허전한, 허탈한, 허한, 혐오스런, 혼란스러운, 화가 나는, 힘든

내가 생각하는 나의 장점과 친구가 생각하는 나의 장점을 적어봅시다.

내가 생각하는 나의 장점	
친구가 생각하는 나의 장점	

저자소개

유미리

- 건국대학교 농축대학원 원예치료학 석사
- 자람원예치료연구소 소장
- 계명문화대학교 평생교육원, 복지원예사과정 외래교수
- 초등학교 및 단체 등 원예치료 강사
- 복지원예사 자격시험 핵심문제집 집필위원(부민문화사)

이영기

- 대구교육대학교 교육대학원 교육학 석사
- 구미문성초등학교 교사
- 한국교육개발원, 학교 환경교육 우수 교수학습 프로그램 개발 책임자
- 교육부, 2015 개정 교육과정 범교과학습 주제 교수학습자료(동물보호및복지) 개발 위원
- 학교가 행복한 우리 아이들(이론편, 실천편) / 왁자지껄 배우는 재미_프로젝트 학습 등

손장호

- 일본국립SHINSHU대학교 농학석사(동물영양생리학)
- 일본국립GIFU대학교 농학박사(생물생산과학)
- 미국PURDUE대학교 박사후연구과정
- 대구교육대학교 실과교육과 교수(농업생명과학 및 환경교육)
- 농업과학과교육(교육과학사), 초등실과교육(양서원) 등

행복 자람 원예교실

초판발행 2022년 5월 25일

지은이 유미리·이영기·손장호

펴낸이 오상훈
펴낸곳 교우미디어
주　소 서울시 동대문구 약령시로 8 교우빌딩 1층 교우미디어
전　화 02-925-2861, 02-925-2866 / **팩　스** 070-7966-8610, **편집부** 02-925-2825
홈페이지&북스토어 www.kyowoo.co.kr / 이메일 kyowoo@kyowoo.co.kr

등　록 2011년 2월 7일 제305-2011-000007호
ISBN 979-11-85417-42-4 (03180)

Published by Kyowoomedia Printed in Korea

Copyrightⓒ 2022 유미리·이영기·손장호 Kyowoo Co., Ltd.
이 책의 저작권은 유미리·이영기·손장호와
교우미디어에 있습니다.

저작권법에 의해 보호를 받는 저작물이므로 무단 복제 및 전재를 금합니다.

교우미디어는 보다 혁신적이고 참신한 도서를 다양하게 기획하고 있습니다.
책으로 펴내고자 하는 아이디어나 원고는 메일로 보내주세요.
교우미디어는 전과정을 책임지고 최선을 다하겠습니다.

값 15,000원

교우미디어는 (주) 교우의 Imprint 사입니다.
수학정원·과학정원은 (주) 교우의 새로운 브랜드명입니다.

잘못된 책은 구입하신 서점에서 교환해 드립니다.